雅
理

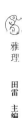

雅理

田雷 主编

法律分析
向何处去

[巴西] 罗伯托·曼戈贝拉·昂格尔 – 著

李诚予 – 译

WHAT SHOULD
LEGAL
ANALYSIS
BECOME

中国政法大学出版社

2023·北京

What Should Legal Analysis Become?

by Roberto Mangabeira Unger

Copyright © Roberto Mangabeira Unger 1996

Published by arrangement with Verso

Simplified Chinese translation copyright © China University of Political
Science and Law Press Co., Ltd. 2023

著作权合同版权登记号：图字01-2023-2961号

图书在版编目（ＣＩＰ）数据

法律分析向何处去？/（巴西）罗伯托·曼戈贝拉·昂格尔著；李诚予
译.—北京：中国政法大学出版社，2023.10
书名原文：What Should Legal Analysis Become?
ISBN 978-7-5764- 0938-3

Ⅰ.①法…　Ⅱ.①罗…　②李…　Ⅲ.①法律－研究　Ⅳ.①D9

中国国家版本馆CIP数据核字(2023)第107786号

出 版 者	中国政法大学出版社
地 址	北京市海淀区西土城路 25 号
邮寄地址	北京 100088 信箱 8034 分箱　邮编 100088
网 址	http://www.cuplpress.com (网络实名：中国政法大学出版社)
电 话	010-58908289(编辑部) 58908334(邮购部)
承 印	北京中科印刷有限公司
开 本	850mm×1168mm　1/32
印 张	9.5
字 数	180 千字
版 次	2023 年 10 月第 1 版
印 次	2023 年 10 月第 1 次印刷
定 价	59.00 元
声 明	1. 版权所有，侵权必究。
	2. 如有缺页、倒装问题，由出版社负责退换。

目　录

本书的主题与框架

就社会生活的基本条件而产生的冲突，已然退出政治学 和哲学的古老竞技场，如今桎梏于更显狭隘的专业领域，掩饰于愈加玄奥的专业争辩。我们必须寻回这一被扭曲的冲突，使之重返更为广阔的社会生活。

要想获得某种自由，去清晰、审慎地为社会创造别样的未来，我们就得具备想象和讨论这些未来的能力；要想让这些想象和讨论产生效果，我们就得深入到思想和实践的专业领域。必须对这些专业性进行内部改造，改变它们在民主社会中与公共对话的关系。必须让专业人士们放弃那种他从未实际拥有过的高级权威，让这种虚假的权威为技术专家同普通民众的新型协作方式所替代。

本书以法律和法律分析为例，示范如何渗入某个技术领域，并从内部加以重构。核心问题在于，法律分析需要被改造成什么样子，才能实现它在民主开明社会中的首要使命——告诉作为公民的我们要去努力设想种种别样的未来，并为之辩护。这个问题极其重要，现状却不容乐观。

无论是在以往的社会，还是在当代西方工业民主社会，法律和法律思想从来都是以精细的制度形式呈现文明理想的重要领域。在法律和法律思想中，理念与利益必须相互融合，理想和利益的融合必须落实为实践安排。法律学说提供了表达、讨论这些安排的一种方式，使之经受岁月的考验和不断的争论，并从中获得维持与完善。应当如何在对制度与意识形态的既定解决方案的理解中发现变革的可能性，赋予我们开创未来的力量，将我们从对现状的迷信中解放出来？

这个问题如今愈发难以回答。在我们生活的这个时代，社会变革的理想有可能被怀疑是造成历史灾难的浪漫幻想。我们不再给那些斗争性的言辞赋予可靠的内涵。因而，我们必须重新发现，法律思想以往正是根据这些细微的变化开启了更大范围的变革——在那些过去常常找到它们的地方，现在却遍寻不见。

这一目的决定了本书的框架。开篇阐述了一种实验主义和民主主义的观点，用以判断当前智识上和政治上的种种机遇，并讨论了制度想象为什么需要新的工具，运用这些工具我们能够完成什么工作。随后，本书转而讨论法律和法律思想，把它们视为产生新工具的源头。首先指出当代法律的禀赋及其尚未实现的民主化潜能如何受到了各种制度结构与迷信的严密钳制。接下来，为了理解这些结构和迷信，本书试图讨论正在迅速成为世界范围内最具影响力的法律分析方法——我称之为"理性化法律分析"（rationalizing legal analysis）。本书采用累进、辩证的而非系统、线性的考察方法，以多重视角考察了理性化法律分析的特征、效果，及其发生转变的各种可能。随着对这种分析实践的理解逐步深入，我们可以看出，应当如何调整方向，使之更加充分地展现当代法律的禀赋，从而更好地服务于实验主义和民主主义的种种承诺。本书将在最后的部分指出，如何将重新定位的法律分析付诸实践，沿着不同的轨迹，通过累进的制度变革，推进民主建设。

在某种意义上说，本书关乎将希望转化为真知。因此，考察关乎社会之洞见与关乎民众之希望的关系将是一个很好的起点。

自然科学和社会研究的洞见与变革

社会理论和社会科学中的制度可能性

民主政治中的实践实验主义与社会科学中的认知实验主义有着重要的共同点。理论家和改革实干派在理解和判断既有制度时，都乐于从那些被压制的且未现实的可能性出发。而我们只有将法律分析与政治经济学重新塑造成制度想象，才能在今天葆有这种颠覆迷信、赋予自由的理想。在法律和经济研究的变革实践的帮助下，我们得以重新思考代议制民主、市场经济和公民社会的既有制度形式，将新的意义和新的生命注入民主建设。

自然科学探索世界的关键环节是理解"变革机遇"（transformative opportunity）：我们要观察事物发生变化的条件、方向与界限，由此理解事物的运作方式。对科学而言，在机遇尚未实现的广阔领域中划分实在现象，绝非形而上学的猜想，是不可或缺的有利假设。

这一自然科学真理适用于社会和历史研究的全部领域。反事实可能性（counterfactual possibility）的各种隐性判断很大程度上影响了我们如何认识历史变迁的真实时序以及社会生活的现实力量。对我们在社会和历史研究中所遭遇的困难进行简要叙述，不再能为结构变迁提供可信的解释——也就是说，不再能够解释制度安排及其相应信念的变迁，后者塑造了一个社会在实践和对话中的种种常例（routines）。

19世纪经典社会理论的特点之一是认为制度体系的系统构成在规律性的（lawlike）驱动下必定会呈现出某种顺序。这些宏大的解释理论早就被花样翻新的学术研究和令人失望的政治经验打败了。即便如此，我们却仍然期望着它们的残羹冷炙，含糊不清地运用着那些来自早已声称被废弃的理论体系中的词汇：例如资本主义，它假定依照其自身的制度逻辑，存在着一套单一的、典型的经济和法律体制；再如假定在针对既有秩序的改良主义人道努力和取而代之的暴力革命之间存在着种种差异。建设性的社会科学已经彻底忽略了结构变迁问题，认为各种基本制度安排与先入之见是在过去无数次问题解决或相互妥协中层累下来的沉淀物，或是为获得最佳可行方案而不断试错的结果。在这样的智识氛围中，完全无法想象如何对社会的形成结构进行转变与创新。最终，我们发现自己退却到了将政治现实主义等同为既存物的境地。

无法对变革的可能性进行想象，这已经损害了社会和历 4

史研究的主流实践，不仅影响到规范性的政治哲学，也同样侵染了政治实践中的共同话语。

政治哲学中的制度可能性

这种失败还催生出一种特别是在英语世界占据主流的政治哲学风格。它作为一种思维方式，割裂了对正义原则的构想与对具体制度的设计；拒绝承认既有制度和实践给欲望和直觉造成的实际效果；将战后的社会–民主妥协视为追求政治理想时无法逾越的地平线。这种政治哲学的前两项特征通过对第三项特征的共同依赖而彼此联系起来。它们一起导致了这类哲学家想要超越的对历史语境的悖论式依赖。

这类哲学家可以想象在制度真空中先是形成了各种权利原则，尤其是分配正义原则。此后，有关制度设计的各项技术性科目就可以依据经验知识和环境变化来进行实际操作了。从而，制度设计无足轻重，不过是一项照方取药的社会工程罢了。

制度问题被哲学家用这种方法加以贬低之后，转而通过以下两种途径完成了对权威的妥协与迎合。其一，他可以径直将其拣选正义原则的方法（例如契约论或功利主义）等同于市场经济或代议制民主等固有形式。这些制度仿佛是忠实可靠的代理人，践行着自由平等个体的集体选择。然而，在这一过程中，他却疏于考虑我们所继受的各种政治经济制度的潜在缺陷与偶发状况。他没能认识到，这种认为社会由自由平等个体所组成的理念可以沿着不同的制度方向发展，从而在人与人之间的关系以及财富与权力的分配上产生不同的后果。

其二，或者，哲学家在运用他的方法时，将会透过当代工业民主社会的制度幻象，触及一个前制度时刻。他可以诉诸欲望和直觉的原始素材，剔除其中的种种偏好，或是在不同偏好间取得平衡，从而使制度框架出现在结论当中，而非出现在这套论证的前提当中。然而，要想赋予这一方法以产生特定结果的必要权力，就必须压制内在于欲望和直觉的原始素材当中的重要辩证法：我们天生具备两种不同的倾向，二者之间存在着冲突，一个将既定的社会生活秩序视作天经地义，一个展示出反叛秩序的渴望、幻想或抵抗。人类需求二重性反映出的是一种两面性，它奠基了我们与自己所继承、重制、寓居的话语世界和制度世界的关系：我们就是这个世界，我们又大于这个世界。我们的内容总是溢出这个世界的范围。

如果这位哲学家最终得出的制度结论和我们的现实制度相一致，他就不能仅仅假设那些拥有与我们同样欲望和直觉的人就是由我们寓居其中的结构塑造出来的；他必须假定，人们所渴望的生活比现实生活更加单向度。他所假想的边沁的信徒、社会契约的参与者只会比我们更加呆板，而非更加丰盈。

在这些学院派政治哲学幻想的核心位置上，有一个未能被公正对待的问题，而它将成为本书的中心议题之一。我称之为"对理想/利益的思考与对制度/实践的思考之间的内在关系"，亦即二者的辩证关系。理想/利益思考与制度/实践思考无法在时间和活动上相互独立：二者相互包含，却不能相互还原。由此，在我们想象出来用以代表或实现它们的固有社会安排中，所有社会理想和群体利益确实都可以获得部分意义。然而，与此同时，在我们理想里面那种朦胧的渴求当中，在我们利益内部那种野性的力量当中，却存在某种因素，急切地反抗着当下社会安排所强加的种种限制。当我们要在想象和实践中，通过修补实现理想/利益的实践形式，来增进对自己的理想/利益的理解时，就需要考虑到这种二重性。修补的核心价值也正是理想/利益思考与制度/实践思考之内在关系的根本意义。

现在我们便可理解，主流政治哲学若无法思考这一问题就只能是自相矛盾的。它试图或多或少地超越自身所处的历史背景（正如后文讨论"历史主义与理性主义的妥协运动"所表明的）。然而，在当时的那种条件下，它想要在论证刚开始的那一刻，就通过转换方法来完成解放，而不是通过长期艰苦的想象、在论证完成之后实现这个目标，是无法在理想/利益与制度/实践之间的内在关系中认识到意识形态的暧昧和变革的机遇。看不到这些暧昧与机遇，也就看不到我们与真实制度之间存在的真实距离。这就是为什么现如今许多思辨性的政治哲学在检讨过去时，不过是给既存社会民主制的税收—转移实践提供了一个形而上学的注脚。一种悲观的改良主义——怀疑替代性制度方案、安于补救性措施——指引这些思辨性的政治哲学进行着看似抽象的活动。哲学家被自己的方法背叛，落入了出于对相对主义的恐惧而曾想要超越的历史语境手中。可悲啊！昨天他怎样谋划过逃离历史，今天就怎样毫无知觉地使自己沦为历史的受害者。

民主与实验主义

民主的实验主义和制度拜物教

变革想象的弱化决非小事，它会滋生出一种迷信，将民主事业的进步——现代历史上最强劲和最持久的社会理想——视为仇雠。要想牢牢地把握民主的力量（这是自由主义者和社会主义者自 19 世纪以来相同的目标），我们对民主的理解就决不能止步于政党多元论和可问责的民选政府。从更广阔的视野和更深刻的意义上看，民主事业一直试图调和以下两类价值追求，进而推动社会在实践和道德方面取得成功：物质进步和个体解放。前者将我们从苦役与能力匮乏中解放出来，给欲望装备武器、插上双翼。社会等级分化的压迫体制逼迫人们视彼此为集体秩序中压抑的符号而非鲜活的个体；个体解放的价值将我们从中解放出来，赋予我们自由。19 世纪时有一种影响广泛的信念，认为上述两类价值在经历一个长期过程之后最终会自然融合。今天，我们则努力坚持一种更为谨慎的、更富怀疑精神的信念，坚信对这两类价值的追求并不会像保守的宿命论者所认为的那样相互抵触。物质进步和个人解放各有其先决条件，但二者有重叠的可能。民主事业摆脱了或乐观或悲观的教条主义束缚，便要努力在这个重叠区域上建立起实践安排。寻找这一区域的希望是合理的，因为无论实践进步还是个人自由都倚赖于通过实践性实验主义推动集体知性（collective learning）的增长。两类价值追求都要求社会实践服从实验性修补，并且向那些鼓励我们进行更多修补的实践不断迈进。

制度拜物教是民主实验主义的敌人，它认为政治民主、市场经济及自由公民社会等抽象的制度概念仅有一种自然且必然的制度表达。制度拜物教的迷信对当代文化的渗透是全方位的，波及了前文提到过的每个学科，充斥于日常政治语言及论辩。老式启蒙观念在今天的最佳用途就是祛除这个败坏了所有社会科学正统学说的制度拜物教。而祛除它应当成为整整一代社会批评家和社会科学家的全部任务。

当前，世界范围内的民主实验主义行动有一个特定的焦点。发达的工业化民主国家自上次世界大战以来就开始采用一系列表面不同但性质类似的制度安排，摆在我们面前的关键问题在于，我们应当怎样对之加以革新，使其走上哪个方向。国家主义与个人主义、指令与市场之间的旧有冲突正在消亡。代之而来的是一种新的冲突，即在政治和经济体制多元化的背景之下，各种替代性的制度化图景之间的冲突。这一新论争的前提在于：代议制民主、市场经济和自由公民社会能够采用一些与发达工业民主国家的主流选择截然不同的法律—制度形式（legal-institutional forms）。根据这一信念，既然不同民主国家在政治与经济制度上可以有所差异，这就意味着上述差异可以被视为在更大范围内尚未实现的制度可能性的一个子集。

民主、市场和公民社会在形式上的制度分歧或许根本就是精心设计的结果。然而，更常见的情况是，这只是在经济目标和政治竞争的压力下进行制度重组或变革而带来的副产品。在经济发展与国家自主方面最成功的国家坚持不懈地从世界各地掠取各种实践经验和制度安排。在经济重建的过程中，有些国家尤为明显地体现出这种非自愿的制度实验主义，特别是在位居前列的发展中国家中，经济政治实践的大规模私有化诉求，推动政府尝试在工业领域内广泛采取股份制，并由股票投资基金负责监督这些分散的所有者所持有的公司股权。例如在巴西，劳动法将契约主义原则（contractualist principle）与社团主义原则（corporatist principle）结合起来，在使其独立于政府监管之外的同时，促使整个劳动阶层自主形成了广泛的联合。

实验主义冲动在制度改革中的最大精神敌人之一就是无孔不入的制度拜物教：它用特殊的、偶然的制度安排——例如代议制民主和市场经济——来定义抽象的制度概念。这种定义是无用的，也是压制性的。以想象力匮乏为典型特征的社会科学主流话语实践助长了社会制度安排的拜物教心态。同样的支持也来自规范性政治哲学的假设，误导我们将约定原则（prescriptive principle）与制度设计割裂开来。共产主义在 20 世纪历史上进行了最为惊人的制度创新，种种失望与幻灭也在其瓦解中到达顶点，这似乎让人们更加认可了那种由历史局限所激发并表达出的拜物教习惯。

趋同论

制度拜物教取得伪科学的崇高地位，是通过一套极为隐秘却又极具说服力、影响力的理念："趋同论"（the convergence thesis），即全世界都会趋向同一种最具可行性的实践方案。据此，现代世界的制度演进最好被理解成趋近唯一一套政治经济制度的持续试错过程。这套制度已经被证实有能力调和经济繁荣与政治自由、社会保障之间的关系。当代成功社会的确进行了一些制度安排上的变更，但这只是次要的；如果一定要说有何不同，那就是它使得制度安排变得更加狭窄，正如惨痛的历史教训为制度重构留下的想象空间只能愈见逼仄。

这个隐蔽的观念在诸多方面都产生了显著影响。19 世纪晚期以降，社会和历史思想发展的主要方向是努力摆脱社会解释和历史解释中的功能主义和进化决定论，不断拓展对一

9

个民族以其自身的实践制度与公共信念塑造出独特生活方式的认识。趋同论对这种思想进行了惊人的逆转，奏响了反动乐章，故而也不啻为一种倒退。对此，可以提出两项基本驳论。第一，我们总会拥有各种替代性制度以实现实践目标，这是从马克思主义等理论并不周详的解释中得来的教训，功能需求未必带来制度回应。这种右翼黑格尔主义的趋同论隐含着对历史偶然性和人类自由的严重贬低。第二，正如亚当·斯密和卡尔·马克思共同看到的，人们在选择某个而非其他经济制度的时候，同时也就选择了一种特定的生活方式以及人与人之间的交往方式。我们无法把文明的实践形态与精神形态隔绝开来。

这种主张全世界向最佳实践趋同的智识衰退强化了在当今世界，特别是在发展中国家产生了巨大影响的一种政治方案的权威：新自由主义，有时也被称作"华盛顿共识"（Washington consensus）。正是这项具体的方案——而非抽象的趋同论——给民主实验主义带来了目前最可怕的障碍。新自由主义提出在不损害国内外债权人利益的同时保持宏观经济的稳定；它是一项自由化方案，狭义上可以理解为接受外国竞争并融入世界贸易体系，广义上可以理解为复制西方传统的合同法和财产法；它是一项私有化方案，意味着国家退出生产领域，转而关注社会责任；它还是一项社会保障方案，对市场活动的不公平与不稳定后果进行事后补偿。这个方案在发达的工业民主国家中具有密切相关且互为补充的两个方面：一方面，它公开拒绝政府的经济能动主义，并敌视工人及其福利权利；另一方面，作为改良的、自由化的社会民主，正在迅速成为新的西方政治重心。改良版社会民主的显著特征在于：首先，它继续致力于福利国家政策和公共事业投资，将之作为一以贯之的目的和经济发展的条件。第二，它企图将市场经济规制中的国家主义、法团主义和垄断主义等限制经济灵活性与改革创新的因素全部清除出去，尤其在向后福特产业组织转型的过程中，同情在地方政府及社会组织中的民众自下而上形成的联合和参与。第三，它毫不掩饰自己的制度保守主义面目，对制度重建的宏大方案保持怀疑，只接受市场经济、代议制民主和自由公民社会等既有法律形式。

重构这套方案，外部受限于政府与公司之间的伙伴关系；这种关系既不具有财产制度的法律性质，也不涉及国家及其与公民社会之关系的法律结构。改良版社会民主必须在一种特定的财产体制与政治制度的框架内完成。财产制度使得资源的获取受制于管理着大量私人财富的经理人或金融家的决策，这些财富存量主要来自遗产继承或作为预期继承的赠与。形成规模经营的实际能力、自由积累和财产转让的法定权利、以产权名义实施管理纪律的制度化习惯，三者仿佛是不可分割的天然伴侣。僵化的政治体制只允许低水平的大众参与，将自己从活跃的大众自治中攫夺的东西拱手送给技术专家，把政治选择消解为一系列关联松散且焦点失准的政策论辩。

发达工业民主体制的经营者们认为，强化民众的政治行动，在明确的结构变革方案中进行集中选择，想要通过这样的方式来激活政治是不切实际的。然而，这种反实用的实用主义在结果上是自相矛盾的：拒绝用集体的方法去解决集体的问题。政治退化为各个势力不均的组织群体之间一系列狭隘的派系交易。每个群体都发现自己受困于对自身利益与自我认同的肤浅理解。对结构变革的嘲笑最终变成了自我应验的预言。

11

民主实验主义的实践承诺：从政策辩论到无规划的对话

政策辩论的形式与局限

压制制度实验主义所付出的代价需要从有形的负担和无形的损失两方面衡量：前者是人为的痛苦与贫困，后者意味着无法通过创造新的实践形式来给民主事业注入活力。例如，当今欧美国家政策讨论中最为典型的一个案例：有关工资水平、工作保障以及国家竞争力三者间关系的辩论。之所以要将这一经典辩论从众所周知的起点推入未知领域，是为了展示，从当前发达工业民主社会的政治对话出发，我们如何逐步进入被这些对话所压制的制度实验领域。同样的尝试当然也可以从其他任何地方开始；无论是种族冲突、根深蒂固的贫困，还是去工业化与城市的衰落、福利国家的财政危机，都可以推往同一个方向。

关于工资水平、工作保障和国家竞争力的讨论大致都始于这样一个观察：大多数欧洲国家，特别是那些由传统的社团主义政治体制支撑的国家，它们在工人的安全保障和工资水平上都优于美国。而美国工人在整个商业波动周期中维持着较高的平均就业水平。为了缓和在高失业率（如欧洲）与工资压榨及工作风险（如美国）之间的反常振荡，同时保持国民经济竞争力，可以推论劳动力市场需要更具灵活性。在一个具有创新能力但不稳定的经济体中，人们重新掌握技能所需要的经济和教育资源具有通用性、多面性和可转移性。政府与公司合作，首要任务是反对僵化的岗位任期制度（job tenure），并对那些享有相对特权且有组织的部分劳动力加以权利限制。然后，政府可以致力于组织起一套全国性的体制，以求在劳动者的工作生涯中，不断对劳动力进行再分配和再教育。

创新市场经济的制度形式

12　　这个结论显现出实践进步主义立场在当前工业社会民主政治中的外在局限。它的缺陷已经开始为人熟知。要予矫正，就需要更为深远的制度创新，不能像实践进步主义者那样只是装腔作势地表示支持。仅仅投资教育是不够的，除非对企业进行重组，才能使其有能力去有效利用经过了再培训的劳动力。除此之外，如果高科技公司当中能够涌现出一大批后福特主义企业家，如果经济机遇能够更加彻底地民主化，跳出现有市场经济形式的限制，必将出现更多获取生产资源的途径。即便仅着眼于临时的、有限的情况，这些公司也必须获得资金、技术及技术援助。它们必须能够从那些不受短期盈利限制的组织中寻找这些资源。不应放任这类企业在大型福特制企业面前丧失竞争优势，因为后者通过投资基金的内部运作、区分长短期劳动雇佣等机制，可使自己免受市场不稳定性的影响。小型公司必须将灵活性和规模经营这两个优势结合起来，在公众支持下加入合作-竞争网络。政府在这方面或其他方面为产业重组提供帮助，可以通过享有较大自主权的社会基金与支持中心的代理机构来发挥作用。这些介于国家和企业之间的经济实体可以试验各种分散配资的方案，同时不断训练自己参与竞争、承担财务责任的能力。

这种在重叠地带进行的制度创新如果不反过来对传统产权制度进行突破和改造，就不可能得到全面发展。权力集于一身（所有者或其代理人）的单一产权（the unified property right）必须逐渐让位给一种分散的、相对化的、临时性的产权。后者将对生产投资所带来的利润回报进行控制并主张剩余权利，再赋予各种类型的股东，包括社会基金、地方政府、小企业家及工人。

由一系列累积性变化而产生的产权制度，既不能认为是社会主义性质的，也不能认为是资本主义性质的，因为它在法律逻辑上并不符合个人所有或国家所有的单一产权形式。事实上，这种制度的优点之一正在于能使不同的契约和财产制度——为经济权力与渠道的去中心化而采取的各类法律手段——在同一经济体制中并行不悖。从而，它们所产生的实践后果就可以接受实验性的评估。

产权体制经过分解、重组，将会构建出一个框架。在此框架内，对经济活动的结构与结果进行社会评价（旧式社会主义方案的主要目标），能够与（较之传统产权所允许的程度）更加去中心化的经济机遇与创新相互协调。从而，规模经营的现实要求与对竞争的承诺之间的紧张关系得到了缓解，尽管在时间和范围上限制了传统所有者享有的权力。最重要的是，这种改革方向（而不是传统产权体制）为解决经济增长的特殊性问题及实践进步的一般性问题奠定了更有前途的基础。

实践进步有赖创新，也取决于合作。尽管成功的创新本身可能就要求集体合作，但它总是可能颠覆现有实践所依托的习惯和期望。设计经济增长制度的关键难点就是要建构出一种最有可能迎接并经受周期性创新的机制，因为它把合作与竞争结合在一起，既要认可投身到这项共同努力中的各方利益，又要在变革中确保个体的基本安全。按照这一最重要、最具实践性的标准，传统的产权体制显然太粗糙了。为这种产权体制进行历史辩护的时代早已逝去。彼时，银行储蓄超过消费流通（马克思主义称之为"榨取剩余价值"），而把合作和创新视为经济增长的制约因素。

工业民主社会的阶级结构

前文探讨了我们需要如何重塑企业以及企业、工人和为追求特定结果而向民众投资的政府之间的关系。我们也可以从另外一个方向上突破现有制度安排的局限，考察政府如何获得资源，从而进行大规模社会投资，以弭平部分社会群体基于继承而先天占据的经济、教育优势。马克思主义及其他左翼理论被无情消解之后，人们已然忘记自己仍然生活在阶级社会当中；继承而来的特权造成了赤裸裸的不平等，剥夺着民众的生活机遇。马克思主义或已逝去，阶级却如昔留存。

计量经济学研究表明，50 岁以下美国人的财产，一半以上来自对生前赠与（gifts *inter vivos*）的预期继承。再加上教育机会的不均等，二者共同产生的效果势不可当。多数美国人都将自己描述为"中产阶级"。但和同时代的其他民主社会一样，美国也存在较为分明的阶级结构，主要由以下四个主要阶级构成：职业化的商业阶级、人数较少的独立商人阶级、工人阶级（包括白领和蓝领两个阶层），以及底层阶级。历史研究表明：19 世纪末以降，美国唯一一次较为持久的大规模社会流动是发生在工人阶级内部，即蓝领向白领的运动，来自产业工人和农民家庭的后代成为办公室职员，然而在财产和权力上，与他们的父母同样一穷二白。

阶级结构的韧性从几个方面影响了我关于传统政策对话需要深化制度讨论的观点。对灵活性、创新性以及资源的可获取性做出承诺，同时却将个人无情地分配给预定的阶级命运，二者在一个充满活力的、民主化的市场经济体制中是根本矛盾的。着眼于公共政策的财政基础，我们同样无法奢望会有足够的资金投向民众，除非对法律做出重新安排，让继承自社会的公共权利可以取代继承自家庭的私人权利。更一般地讲，阶级结构顽固如斯，使得我们回想起正是既有的经济政治制度支撑起了社会等级制度，并且在自己身上也打上了它的烙印。如果制度保守主义的效果在于默许既有制度通过阶级特权再生产来束缚民主实验主义，那么这种主义就开始变质了。

因此，社会为每个人建立的社会资助账户（social-endowment accounts）应当逐渐取代私人继承。在这个账户中，一定比例的资金代表着为了满足最低限度的一般需求而向国家提出的无条件的权利主张，另一部分资金根据个人情况发放，还有一部分是社会对个人做出成就或兑现承诺的嘉奖。从使用上说，除了用来支付传统福利国家模式中公共机构统一提供的服务，其余由本人（或者在征得信托人的同意后）支配，消费给更具行业竞争力的服务提供者。账户优先用于教育，目的是让每个人终生都能获得实践与认识能力。学校在民主社会中承担的首要使命，是把孩子和成年人从家庭、阶级、国家、历史，乃至自身的性格中拯救出来，为其获取与固有经历全然不同的体验开拓崭新道路。

建立这一账户的根本理由，也就是个人基本权利在民主实验主义体制中存在的理由。如果我们要去有效地拓展短期政治议程，促成持续的小创新和结构的大变革，就必须取消议事日程上的某些事务。人们必须在一个利益受到严密保护的避风港中获得安全感，以免危险的焦虑迫使他们放弃新得的自由。人们还需要确定从中获得哪些经济、文化工具来进行自决和集体自决。基本权利和社会资助与其可能促进的实验主义之间的关系，就像是父母的爱与孩子试图塑造、重塑自己的意愿之间的关系一样，即便这种塑造和重塑可能会冒些道德风险。

但是，这一变革方向要想兑现承诺，必须批判那些自由主义和社会民主主义所公认的制度形式。因此，用社会资助取代私人继承，意味着将会出现一种有别于主流的传统财产制度的资本积累、储蓄及投资机制。它也促使我们利用对财产权的分解与重组，创造出更多新的工具，从而进行更加去中心化，也更具竞争性的资本配置。

创新政治民主的制度形式

前面集中讨论了经济制度变革。然而，如果不同时在民主制度和市民社会的制度形式上进行创新，经济制度变革就不可能实现也不可能维持。民主化的市场经济要想创设制度并保持其完整性，政府的宪法结构就必须支撑（而非抑制）持续的激进改革，政党政治的法律纲领就必须维持高水平的民众政治参与，公法体系就必须鼓励公民社会进行自我组织，并且提供比合同法和公司法更加丰富的资源。

民主政治在西方的长久胜利主要包括两个因素：偏好通过宪法机制凝聚共识进而推动改革；政治组织维持民众的政治沉默，不让其受到社会危机和集体热情的干扰（即便有也非常偶然）。宪制主义故意制造出政治僵局，削弱政府推动改革的权力。美国总统制的制约平衡机制是这一思路最为直接的表达。议会制政府在以宪制阻碍转型方面也不遑多让，将政治行为集中到职业政客阶层，以反对大众政治动员为背景，支持那些以不平等方式实现的特权利益。敌视大众政治动员的实践和制度安排，在现代政治发展中，成功地嫁接了选举资格限制和以多个中间层级架空民众的代表制度；而这些都是19世纪早期民主自由主义用以遏制大众狂热、保障财产安全的手段。激进分子和保守派都没有料到，这种敌视大众动员的制度安排在取代了原始民主手段之后，居然使普选制度与阶级结构调和一致。这种制度安排继续塑造出一种政治历史风格：反制度的大众改革虽此起彼伏，国家和经济的基本形态却岿然不动，仅在极端危机的压力下才略有松动。

前文所勾勒的经济制度改革方向不会与这些传统的民主抑制机制握手言和。尽管我们可以在不那么民主的民主体制边界内发动经济改革，但我们不可能在这些边界内完成或持续进行改革。改革需要时刻警惕经济活动的社会后果，以及那些尚未预见的、花样翻新的特权与僵化。而且，重建现存的政治制度，本就是题中应有之义，我们要把政府重组纳入民主实验主义的纲领，让选举竞争超越政府权力。如果不从经济改革着手，以经济改革推动政治改革，那么依据不均衡发展的非连续性逻辑，也可以从相反的方向上进行努力。先政治，还是先经济，次序是依环境而定的。

宪制主义应当有助于选民参与化解政府部门的相互对峙，从而取代有意放缓政治进程的旧式制度。作为替代方案，它在制度设置上是公民个人投票和议会权力形式的完美结合，一方面诉诸公民表决和复决，另一方面有利于政府各部门在立法提案前进行预选。选举政治的法律结构也需要变革，不断提升选举政治下的大众政治动员水平，而不是将选举政治视为对日常政治事务一种偶发的、微弱的干扰。它的制度工具可以包括强制投票规则、为结社和集会而利用大众媒体的权利、以

17

公共财政支持竞选活动、强化政党派别等。

创新公民社会的制度形式

政治的活跃与复苏也对公民社会组织提出了相应要求。一个紊乱的、组织失调的社会不可能完成彻底的自我改造，讨论其可能的前景有如搭建空中楼阁，根本缺乏活力去对各种现实运动与联合进行试验和论辩。

以传统私法方法回应公民社会的组织需要，无异于默许了组织的明显失衡。合同法和财产法的方便法门只对一定程度上已经组织起来的群体有用。而这些群体组织在得到法律认可后马上就会着手巩固既得利益。

举例来说，只要社会劳动依然存在等级划分，那么合同法化的劳动法体制呈现出来的传统工会组织，就最有可能出现在那些身处资本密集型产业、拥有相对特权的工人手中。特权工人与雇主在工会内部分享利益，联手压制那些没有组织起来的多数工人。特权工人可以同雇主在工作上开展合作实践，从而使工会本身也成了多余之举。这种片面性的工会最终只能带来一个局面：特权工人不再需要工会，其他工人却无法建立起任何组织。这个例子颇具警示意义，其中的问题并不在于合作性的联合战胜了敌对性的冲突，而在于不平等的背景给那些用以组织公民社会的传统私法机制投下了浓重的阴影。

为了解决这一问题，公民社会可以从公法结构中汲取某些要素。公民组织可以基于邻里关系、工作关系甚或仅仅基于共同的关切与责任而建立起来。它可以创造出群体生活的规范和网络，外在于国家，平行于国家，完全不受政府的监管和左右。各类利益群体和政治团体都可以为了在公民社会的多元秩序中占据某个位置而进行竞争，一如政党为了在政府中争夺一席之地而相互竞争。由此，两次大战期间欧洲法律思想的雄心终将被我们成功地赋以实践性和进步主义的内容，即创制出一种既区别于公法又区别于私法的社会法。正是在这样的法律中，自主联合（自愿结社）的赋权实践将会找寻到一处宜居家园。

想象别样的未来：民主实验主义的
社会—理论预设

社会生活的第一自然与第二自然

上述民主实验主义的例子表明，从日常的政策辩论和常规的利益冲突出发，我们如何被驱使着到达了重新想象、重新建构制度的连续性界面。在现有制度安排的限制下，这种驱动力若不能满足各种切实利益，要么遭到挫败，要么在民主理想与现实的鲜明反差中失去耐心。无论驱动力源自何处、以谁为行动者，它都迫使我们在每一次进步中重塑我们的利益、重释我们的理想。在利益/理想与制度/实践之间建立起内在的思想关联，不只是一种研究方法或话语策略，它是历史变革的规定性所在。

朝着制度变革的某个特定方向前进，意味着将某类个体和社会经验摆到较为优先的位置。对经验多样性保持相对开

放的优点需要通过一整套制度呈现出来，这也是民主主义者
或实验主义者尤应关注的。然而，没有哪种制度秩序在面对各

种生命形式时能够保持中立，它总是会倾向于某个方向。一旦那些本应被视为不可靠的、临时性的制度安排滋生出了无法扼制的崇拜，那么，错误的中立假设就会妨碍我们追寻真正的目标——多样的实验。

如果政治是一种命运，那么它展现力量之处就在于将作为第二自然（second nature）的各种顽固制度和特定信仰强加给了社会。由是，我们忘记了这些制度和信仰本就源自冲突与偶然。社会思想的认知实践与实验主义的民主实践已经在近现代历史中联手驱逐了这种宿命论。然而，这场结盟在当下却难以维持。我们被褫夺了思想工具——我们曾用它来理解、重新想象对社会具有形塑作用的制度性和想象性结构；同时我们也进入了现实政治的某个历史时刻：民主事业陷入了制度妥协的泥沼，背叛了自己公开宣扬的社会理想，阻碍了公认的集体利益。启蒙与解放的双重停滞使我们面临这样的危险：忘记第二自然不过是第二性的（the secondness）。举例来说，美国的低水平政治参与被归咎为社会文化中种种难以把握的前政治特征，而不是归因于制度安排——政治选择的结果造就了集体习惯之后，后者又反过来强化了前者。

现实制度安排涉及成百上千个相互联系但松散的问题。对这些问题的回答就描绘出一个社会的轮廓。为什么这些问

19

题在特定地点、特定时间所得到的答案是这样而非那样，自有其道理。然而，这些原因并不等于说民主、市场和自由公民社会在法律制度形式上是唯一的、必然的，也不等于说只有一种制度载体能够承载那些高扬的社会理想和公认的群体利益。它们不过是表明某些解决方案取得了对于其他方案的局部胜利，并不能就此否定重新想象、重新安排其他方案的自由与需求。它们再次确认了第二性，由此提醒我们第二自然是可以改变的。

常轨与革命

有人可能反对说，结构变化乃是那些我们无法期望予以驯服或引导的力量的副产品，产生于难以预料且不符合人们意愿的危机所导致的政治动员和冲突的准革命时期。推而广之，特殊性的法律制度变迁与一般性的社会变迁均发生于非常时刻，发生于疯狂的、由危机促发的变革时刻。在法律思想或政治经济学上展开制度想象，所能期待的最好情形就是在这个不可思议的时刻之后，用几代人的时间将这种创造性的同时又是混乱无序的工作加以完善和系统化。那么，最晚近的例子就是经济大萧条和二战以来的社会民主重建，这一重建在美国被称为"新政"。

然而，这个观点却存在一系列相互关联的缺陷，每个缺陷都暴露出制度拜物教对民主思想的潜在信仰进行了污染。首先，危机与重建的关系本身就是一个变化的历史。我们可以设计某些组织和话语形式去抑制挑战与变革，并在被扭曲之前将其打破，同样也可以设计另外一些组织和话语帮助它们逐步自我调整。民主实验主义者不会静待下一个奇迹时刻的到来，他坚持依靠自己的努力取得王冠，而不是被动地让历史为他加冕。

其次，制度重构的经验并非费解的神谕。观念为它传达信息，塑造它的遗产。除非努力争取有关实现理想与利益的现实制度形式的替代性观念，否则当变革机遇到来之际，我们会发现自己仍受缚于周遭那些简单易得的观念。

最后，克里斯玛式的革命插曲之后理应走上常轨（routine），但它绝不像看上去那样庸常。奠基时期已经解决的问题不断重现；即便有过一个未完成的契约，那也是征服者在安排新制度时与被征服者缔结的。针对种族和性别而非弱势群体的纠偏行动，保障资本跨国流动又强化国内劳动限制的国际贸易谈判，公共福利责任向私人投资者的转移，所有这些困扰着当代美国的公共政策和法律辩论的问题，很难说是对"新政"制度安排的落实还是背叛。在这样的背景下，乞灵于原初契约也是徒劳。

现实利益与结构变化

21   另一种反对意见认为，秉持民主实验主义，进行持续的、累进的制度修补，不啻将一副理性主义的蓝图强加给未必总是依据理性活动的人类。人若不倾力为生存、消费和偏好进行日常斗争，就会被吸纳到群体认同和国民身份的冲突中。但是这个思路误解了群体认同的政治与民主实验主义的失败之间微妙而矛盾的关系。

我们可以在民族主义（nationalism）的背景下讨论这一关系。与早期历史中人们对集体特征的意识相比，当代民族国家的自我声明具有显著的形式化特征：当实际差异逐渐减少时，对追求差异之意志的表达，往往多于对某种独特生活方式的忠实自信。当某个民族的习俗和信仰与其邻族愈趋近似时，它的憎恶就会来自这种相似而非差异，它会自责集体经验没能强大到创造出一种与众不同的文明。经济与文化的残酷竞争将全世界的制度实践和既存信仰搅拌在一起，并形成各种新的组合：任何实验在任何时刻都有可能从此处移植到彼处。一个最成功的社会往往是一个最优秀的掠食者和重组者。

结果，集体认同被抽空了具体内容。确切地说，这些集体认同表达了追求差异的意志而非反映实际的差异，因而就不像真实的习俗与信仰那样可以渗透，可以协商，可以修改；它们反而成了一种顽固信念的对象。虽然这种认同与差异的倒置可能在民族主义中表现得更为明显，但是它同样见诸民族内部的群体认同政治，即结合了对社会进步的现实诉求与表达和尊重弱势群体的文化诉求。这种群体主义（groupism）的政治强度往往与其试图支撑的文化差异的歧异性成正比。

因而悖谬的是，若想安抚这种源自无力表达集体差异的激愤，就必须加强制造实际差异的集体能力。独特的生命形式必须最终以制度形式表现出来——如果不能在实践中获得生命，就会在想象中丧失活力。反过来，政治、经济及社会的制度特性也会有利于或不利于集体创新的制度表达。这种表达能力有赖于结构变革的反复实践，由此获得的经验较之追求差异的茫然意愿，更可能保持宽容。而且，它所产生的习俗和信仰能够相互妥协且产生影响，恰恰是因为习俗和信仰是真实的。基于所有这些原因，民族认同和群体认同的政治就不是对民主实验主义实践的替代方案或解毒剂。对这种政治的误导反而阐明了民主实验主义实践何以重要。

22

民主实验主义的学术工具

制度想象的孪生学科

民主工具主义（instrumentalism）的发展需要制度想象付诸实践。政治经济学与法律分析这对孪生学科应当为这种实践提供学术支持。这两门学科并不成熟，仍然处在支离破碎的早期形式之中。不过，推动它们发展的观念素材俯拾皆是。而且，二者的发展也在不断回应现有经济和法律理论的知识困境与机遇。物质进步与个人解放在价值上可能存在周期性的但并非无法克服的矛盾。然而，深入探究法律和经济并不会妨碍服务民主实验主义。与实验主义的遭遇相同，威胁学术进步的同样是制度拜物教。

制度想象的这一双重实践得以繁荣的最佳时机源自这样一种社会氛围：社会关怀与中立研究被视为天然同盟；思想者尝试另辟蹊径，既不屈从于占统治地位的主流学问，也不去缺少挑战、自我陶醉的异教港湾中寻求庇护。19世纪初的哲学家在进行了激进的思想实践之后，这样的思维习惯就不再有规律地参加社会研究和批判了。一种被动服从的教条开始在知识领域中占领一个又一个学科的中心位置。披挂着几近透明的伪科学外衣，这些教条向我们暗示着，在工业民主社会历史上占据主导地位的种种社会安排都是自然的、必要的、合乎理性的。同时，仿效 19 世纪马克思主义和黑格尔主义通过运用各种规则参与各种对话的反科学思想也变得不再可信。对话的世界最终只有一个，正如制度实验的世界最终只有一个。无论如何，我们都要坚持一种批判的文化，向各种占支配地位的正统学说开战，决不让其独占求知与论辩的议程。

政治经济学与法律分析这对制度思考的孪生学科应当进入本书开篇所描绘的那个由最低标准所塑造的思想空间。它们必须辨识出基本制度与信仰的塑造性影响，同时认识到尽管这些构成性背景通常具有弹性，却是可以替代的，而且目前已如明日黄花。它们还必须认识到利益/理想与制度/实践的内在思想关联，并将之转变为知识上和政治上的机遇。

制度经济学并不存在

本书旨在提出一种以法律分析助力民主实验主义的进路。为此，我将详细讨论一种在全世界范围内影响越来越大的法律分析形式的特点及局限。我们理解了这一法律学说，就能获得改变法律分析的工具，进而把法律思想变成现实主义与社会理想的结合，由此建议应当如何运用改造过的法律分析实践来想象社会的替代性方案。本书以此为终点，也就兑现了开篇时的承诺。着手这一工作前，需要先考察制度想象的另一学科——政治经济学——面临的困境。

制度经济学从未真正存在过。19世纪德国和20世纪初美国的制度主义经济学退场时，并未产生任何能对一般均衡分析（general-equilibrium analysis）发起严峻挑战的思想实践。20世纪五六十年代出现的经济发展理论试图从结构上理解经济变迁，对自身立场的表达却一直模棱两可，时而以主流经济学的下属分支自居，时而自视为对主流经济学的批判性替代。所有这些尝试都止步于制度经济学的开端，它们为获取前进的力量而过分依赖理论纲领的筹划：刻意以这样或那样的方式拒绝市场经济制度的常规定义。它们的失败给我们留下一个教训：在社会和历史研究中，刻意筹划很可能刻舟求剑；除非拥有极为宏观的视野，同时在方法上具备高度可操作性——前者用以考察事物怎样成为现在的样子以及可能变成什么样子，后者用以理解可能性所包含的现实性。

上述失败体现为经济分析以一种超验形式将制度庸常化或神秘化。处理制度难题，有三种至为重要的方式。

纯粹经济理论在经济制度的因果性和规范性问题上早就摆出了一副不可知论的姿态，只有对某些替代性实践的说明和解释为它在外部规定好制度前提之后，才能在特定背景下对经济行为展开分析。例如科斯定理认为，追求行为效用最大化，除了要考虑交易成本这个糟糕的弹性范畴，还要将制度安排看作事实背景的一部分，并围绕它进行交易。这似乎将制度贬低成一个规定了边界条件的阴暗世界，并且不过是市场行为的某些经验性变量。

将一种特定的市场制度和私法体系视为市场经济天然且必然的形式，进而视为市场经济不可或缺的支撑，这种政治经济学形式在意识形态上越反动、越激进，市场行动者的协调机制就越纯粹。如果对法律思想史有所研究，我们就会发现这个观点是向19世纪法律科学的倒退：自由社会一定要拥有明确的、预先设定的法律制度形式，这是法律分析所揭示的，亦是观察所确认的。当代法律思想发展的主要成就很大程度上来自对这种法律科学的颠覆与自我颠覆，因而类似观点在经济学中得以留存，就不能不让人感到诧异。然而，事实确实如此，而且它已潜入当今最具影响力的市场经济制度的历史叙事之中，将经济史运动描绘成一个聚合的过程，通过发现与试错，向着市场经济所必需的各种制度实践和法律规则迈进。产权体制就是这项进化成果的精华。对这套制度秩序进行政治干预应当受到怀疑和抵制，因为它们可能代价高昂，可能弄巧成拙，可能对自由造成巨大伤害。关键是不要忘记，每一个这样的秩序都包含着独特的制度和社会特征，而这本身正是实

25

践和意识形态发生冲突后独特的、令人惊奇的产物。

我们发现贬低制度意义的最隐秘方式，是在美国凯恩斯信徒们的理论实践方式当中（他们抽空了凯恩斯学说中的大部分政治意涵，使之更加合乎政治口味），是在经济理论的公共政策标准化应用当中。它在宏观经济总量中搜寻出一些规律性的相关因素，如储蓄水平、雇佣水平以及投资水平，原则上确实承认这些相关关系的稳定需要依靠一系列的具体制度条件，然而在经济分析和政策辩论的实践中却又完全抛弃了这些认识。

只要政治远离制度实验和结构变革，拒绝在实践上让步就会获得表面上的合理性。将各种经济现象相互关联成一个总体，这种互联就获得了一种它们不应有的规律性外观。由此，制度安排似乎就成了现代规制性市场经济的天然形式。

上述各种规避与迷信并非经济学史晚近的偶然插曲。它们切近事物的本质。对它们献上忠心，就能赢来尊重与荣誉。

真正的制度经济学并非研究经济行为的学问，不会在既定的、未经检验的制度背景下，研究稳定的总体经济互联关系；它不是密涅瓦的猫头鹰，只在真正的市场经济向全世界胜利进军的历史时刻才振翅起飞。制度经济学必须研究经济制度本身，研究它的前因后果，研究它何以是目前这个样子、可能变成什么样子，研究它的既有形式遮蔽了那些多样性，而多样性又将提供或遮蔽怎样的变革机遇。较之主流经济理论的分析实践，这样一种制度经济学力图在形式分析、经验描述与因果推导之间建立更加紧密、更加持久的关系。虽然这样在一定程度上会削弱不同学科在社会结构研究上各自方法论的独特性，却拓展了经济理论的解释范围，而代价不过是牺牲掉一些形式化的自足性罢了。与这种经济学最合拍的搭档，是一种以制度为导向的法律分析方法，一种作为制度想象的法律分析实践。

法律思想发展受阻

当代法律的禀赋

为了发挥法律分析的潜能，使之成为民主社会制度想象的主要工具，必须首先理解当代工业民主体制中最具特色的法律和法律理论分析方法。于此，最具启发性的方法就是将当代实体法和法律方法与19世纪的法律科学构想和彼时商业经济体制中的法律进行对比。

不妨设想后世学人将会如何看待当今的法律与法律思想，如果他试图在更长时段的法律史中找到法律思想最深刻、最本源的特征。如果我们对霍姆斯在《普通法》中所追求的学术范畴与理论特色少费一些脑筋，对耶林《罗马法精神》在历史视野和论证细节之间的互相发明多花一些功夫，就会发现：后者较之前者更加关注法律在想象与权力之间的位置，并将法律思想的自我理解与孟德斯鸠所奠基的现代社会理论传统的中枢相互榫接起来。就此而言，当代法律与法律思想的主旋律及其歌颂者，致力于将权利选择与用以保障权利享用的规则设计相结合，为的是塑造一个自由的政治经济秩序。

在西方发达国家身后一个又一个相对贫穷的追随者当中，一种法律意识逐步渗入并改造了它们的实在法。它断言，个人自决与集体自决在权利运用上所依赖的实践条件很可能已经无法复现了，因而在性质上是经验化的、可试错的（defeasible）。

这与 19 世纪法律和法律思想领域内最具影响力的观念相比尤显特别。后者源自英美法官以判例为导向的话语、法国律师掷地有声的格言式谈吐，以及德国潘德克吞派法学家摒弃主观色彩的概念建构。与这种早期法学观念相一致，彼时的规则与权利体系也刻画出一种自由的政治经济秩序。要维护这一秩序，就要坚守已经预先确定下来的规则与权利体系，防止它遭到政治的歪曲，尤其是涉及特权和再分配的政治。

当代法律这一充满活力的想法，使得法律部门与法学理 ²⁷论重组成一个二元系统，一元是选择权，另一元则是一套不思考更好的选择而只在乎哪种选择更有效的制度安排。这种重组方式颇具辩证意味，其控制目标在于防止规则与权利体系成为或保持为一种假象，以表面上的调和来掩盖实质上的压迫。

有时，这种二元重塑体现为同一法律部门当中不同规则与理论的相互抗衡。例如，关于经济强制和不对等议价能力的理论对合同形成和履行的核心规则进行了补充、限定，又如劳动合同条款的自由选择权受限于法律对雇佣关系所进行的直接选择性规制。有时，这一双重结构则有赖于将限制选择与维护自由的制度安排配置给不同的法律部门。例如，集体谈判法试图改善个人缔结劳动合同时的无力境遇，调整雇佣关系当中的权力不平等状态。但是在另外一些场合，二元结构也会为了治理在多个层次上相重叠的社会问题，使两套法律体制并存。因而，拒绝过错责任原则适用于商业流程内部风险的赔偿问题，否定以过错责任原则为标准来完善保险体系，反倒是对过错责任制度的加强而非削弱。

这个二元结构已经对所有工业民主社会的私法体系进行了重组，如今又在更大的范围内，对政府规制和私法整体的关系进行调整。福利国家提供的权利，再加上部分工人虽身处不稳定的劳动市场和商业周期却能保持相对安全的特权，这些都被20世纪的法学家理解并加工成保障有效享用公、私法上自决权的手段。如果市场经济、代议制民主和自由市民社会具有传统的、必然的形式，这些形式就仍须修饰、完善，以便为所有权利承担者提供自由选择与合作的现实和表象。

这种持续性修正所能取得的最高成就在于使个人能够在广泛的范围内有效地发展并运用自己的各种能力。个人因此能够制定并实施自己的人生规划，包括通过与他人的自由联合，想象并推进那些至为重要的事务。尽管如此，等级化的阶级结构还会持续存在下去，力量几乎没有丝毫衰减。多数人都会走入愤怒、边缘化却又碎片化的队伍，对工作感到无能为力，对国家政治失去希望，只能在个人享乐、家庭安康、道德乡愁中寻求安慰与逃避。但是，根据这一思维模式，这些历史负担与不完美的状况仅仅是在表明，我们必须耐心，持续努力，以保障有效享用各种权利。

自由的经济政治选择，以及为了选择而放弃选择，二者之间的辩证关系很难在现代政治与现代政治思想的论辩中找到意识形态立场，因而显得异乎寻常。它不过是排除了在那些寓居于想象世界的人看来颇为极端的立场。它也排除了19世纪的陈旧理想：只要抵制住政治对再分配的干涉，公法和私法上的权利构造方案就会为经济与政治自由自动提供保护。它也排斥了激进的重构观：必须对现有制度进行革命性的改造——例如用社会主义取代资本主义——否则个人与集体就不可能拥有真实而广泛的共同经验来自我抉择。尽管当代法律的禀赋似乎只会对抗那些既令人难以置信或者无法让人接受的替代方案，却为理论家与改革者制造出无穷的实践活动与论证工作。于是，就其范围的广泛性和效用的丰富性而言，它有似于之前曾在法律与法律思想史上出现过的一个大胆想法：法律科学的规划将揭示出自由社会内在的法律与制度内容，并且为防范政治的入侵划下清晰的边界。

当代法律思想的局限

　　然而，在这个理念的发展轨迹上有一个难解之谜。猜不透这个谜语，我们就无法正确理解当代法律思想的禀赋（以及自我强加的贫困），也就无法充分理解法律发展和民主实验主义的命运具有怎样的联系。当我们开始探索以实践条件确保有效享用权利的路径时，总是会发现还有其他可行的方法去界定实践条件，而且界定这些条件本身就是在享用权利。对个人与集体的选择权而言，在既定社会组织中有效实现权利的实践条件，有着很多似是而非的观念。对这些概念而言，要满足这些特定的实践条件，也有着很多似是而非的策略。

　　其中某些概念和策略仅仅是在维持既有制度的同时控制其后果，例如通过税收-转移或施惠弱势群体来抵消社会财富的分配后果。然而，另外一些概念与策略却是在对制度安排施加一种渐进的、累积性的变革。这些对抗结构与变革结构的方案可能会走向另外一个方向。它们可能标志着结构变化在不同进路上的最初运动。

　　因而，我们认识到选择权是经验性的、可试错的，但这只是"两步走"中的第一步。紧接着的第二步迈向了替代性多元主义的法律想象与建构：在程序化论证或者实验性变革中探索另外一条制度变迁的道路。为了更加有效地实现权利

29

（及其所服务的利益和理想），每条道路都会在此过程中对权利（以及利益和理想）进行重新界定。如何从老生常谈的、维护结构的政策辩论，转向对这些辩论的制度性、想象性预设发起挑战和变革，在前文设问这些变革和论证应当是什么样子的时候，我已经给出一个相近的例子。然而，当代法律理论与学说，以及实在法本身，几乎从未迈出第二步。这是法律思想发展受阻的一项明证。

　　法律思想发展受阻的主要后果就是无法将法律分析转化为制度想象，这对美国来说有着特殊的意味与辛酸。毫无疑问，美国文明的缺陷之一就是总在阻止人们对国家制度结构进行有效的挑战，认为美国的"自由秩序纲领"彻底摆脱了旧有的阶级和意识形态历史，拒绝承认一个文明的精神与政治理想从来都与代表它们的特殊实践与制度紧密相连。事实上，实验主义一直为美国例外论提供着最有力的辩护；每当出现重大危机，美国人就会将实验主义冲动施加给他们的制度。 30如今被视为最伟大思想家的人物（如杰弗逊、杜威）曾试图说服他们的同代人将一些糟糕的美国例外论兑换成一些好的实验主义。制度安排碰撞着理念和利益，从而使理想和利益紧紧地纠葛起来，从而给美国带来了意义最为重大的历史时期。

结构变迁门槛上的法律综合实施

偶发的结构性干预

从发现自由经济、社会和政治制度中的不确定性，再到探索制度形式的多种可能性，在这个过程中，究竟是什么力量阻止了法律思想的发展？我们可以从美国法律中的法律综合实施（complex enforcement）[1]与结构性禁令出发，重新审视这个谜题，从而获得间接启示。尽管这套程序机制在美国比在其他任何地方都发展得更为完备，但是它在法律与社会的关系中获取到的机遇却在世界范围内迅速铺开。程序干预的新模式似乎是当代法律核心理念的自然延伸与天然工具。然而，理论与实践的脱节却使得这一观念发展的停滞更加令人吃惊。

传统审判模式强调在既有权利框架内对诉讼当事人权利

---

[1] 参见 Lewis Sargentich, "Complex Enforcement", 1978（未刊稿，藏于哈佛大学法学图书馆）。

进行配置。如今出现了一种新的审判模式，无论是代理人，还是诉讼方式和目的都异乎从前，例如由集体而非个人出任诉讼当事人（尽管仍由个人参与诉讼）。集体诉讼是这种重新定义代理人的最直接手段。

干预的目的在于重新塑造社会实践中有碍权利有效享用的组织或区域。这种妨害的典型情况就是作为被审查对象的社会组织或社会实践当中已经出现了使得被害人无力逃脱的不利处境和边缘化状况。压制（subjugation）——区域性的因而也是可矫正的——正是重构性干预所要解决的典型恶行。

较之传统审判所能支持的程度，这种方法会更加深入地调查社会生活的因果背景，重塑那些被认为对可质疑的恶行负有最直接和最主要责任的制度安排。因而就可以要求法院干预学校、监狱、教育系统或选区，并且在一段时间内对相关组织进行改造和管理。不同于一般的法律推理，法律综合实施要求将法律规范论证（prescriptive argument）与因果关系研究更加紧密而稳固地结合起来。

结构性禁制令在理论与实践上的基本问题是难以理解其界限所在。我们若深入到相互对抗的实践与权力的因果背景，又何至在如此肤浅之处驻足不前？对不同种族进行不平等教育是一种恶，它可能导致结构改革者一方面质疑公共学校基于地方财政责任的合法性，另一方面去挑战那些通过劳动分化（segmenting）帮助次等阶级再生产的制度安排（例如合同分包、临时雇佣）。若是受到过多限制，矫正性干预就会失效。如果矫正成功与否的标准在于因果效应，那么选择一条进路深入使权利享用受挫的结构性背景，同时就会打开另一条进路。我们试图矫正监狱、精神病院等相对边缘化的社会组织，并努力将之改造成更加符合实在法所设想的理想形象，为什么不能继续下去，以同样的方式改造企业、官僚机构、家庭、地方政府？随着矫正的持续深化和干预范围的不断扩大，法律综合实施的重构活动将会更加雄心万丈，发挥更大的能量，获得更多的支持，得到更加丰富的资源。

代理人缺失

当然，所有这一切都不会发生。因为没有一个社会（包括美国）会允许律师和法官充当先锋，身披法律解释的透明伪装，逐渐重构社会制度。劳苦大众尚在沉睡，受过教育的有产阶级虽然清醒，也绝无可能将命运的决定权交付给一个由缺乏自制的僧侣改革者组成的封闭组织。他们让这些改革者各安其位，取代了那些不再需要在此就位的继任者。

法律综合实施的程度不断深化，领域不断扩展，很快就会超过司法的政治合法性，耗尽它的实践与理论资源。而且，为了更好地保障权利的有效享用，法官将会以此为名篡夺越来越多的民众自治权。

那么，法官应该做什么，实际上又做了什么？有时，他们似乎想要尽可能地多做些事情：对压制性的结构背景多少进行一些渗透，总好过什么都不做，边缘化的社会组织总归好过没有组织。但问题在于重构任务与其代理人之间的不平衡。法律综合实施既是结构性的，也是偶发性的。如果我们打算保障权利的有效享用，并执行由实体法授权的命令，偶发性的结构干预似乎就是必须的。这也是对当代法律的禀赋在程序上进行了必要的补充，而非偶然的事后聪明。但是在当代民主政府中，哪个部门能够执行这种偶发的、结构性的任务呢？

当今总统制与议会制政体中，似乎没有一个部门在政治合法性和实践能力上具备执行这一任务的能力。以多数席位为基础的议会制政府也好，总统制政府中的行政部门也罢，在社会生活的任何方面，哪怕仅是一个小小角落，都无法以不危害公民自由为前提，对权利做出重新解释，对以权力为基础的制度安排进行翻新改造。而且，它们很快就会发现自己被层出不穷的小小焦虑和抵制弄得心烦意乱、信心全无。行政机构或公务员可能拥有更多超然中立的专业知识，但是在选择重构方向或是在行使权力为解决区域问题提供方案时，并没有多少权威。如果立法机关和议会要以个别化和偶发性的方式处理结构和制度重构问题，就会变得专制而低效。司法部门因为缺乏实践功能和政治合法性，既无法进行重构，又无法在重构过程中对法律综合实施的对象进行管理。如果在社会生活中 33

时常遇到各种难以驾驭的劣势所导致的权利享用受挫，同时这种矫正越来越需要深入到实践和制度背景中去，那么这一任务的不适应性就会显著增加。

事实上，没有任何现成的政府部门能够凭借实践能力或政治干预，胜任这一结构性的和偶发性的重构工作。这个任务像所有新奇而严肃的任务一样，缺乏合适的代理人。那么，最好的办法就是去打造一个新的代理人：基于保障权利的特别工作职责来设计、选择和资助一个新的政府部门、一项新的国家权力。这就要求我们对已经证明当代法律与民主具有明显缺陷的制度实验主义保持开放。这就要求我们——无论是法律人还是公民——都要在走出保障权利有效享用权利的第一步之后，迈开制度重新想象与重新构造的第二步。如今，第一步已经落地，第二步却失去了方向。

在缺少可用代理人名单的情况下，任何勉强合格的现有代理人都可以拒绝这项工作，不过一旦接受，就需要恪尽职守。在美国，司法机构——特别是联邦司法机构——一直充当这个不适格的、三心二意的代理人；在其他国家则可能是任一国家权力部门。一边是不可或缺的任务，一边是难以胜任的代理人，两方面共同作用，使得美国法律形成了一套结构禁制令的含混理论。这套理论要求我们调和两项互不相容却都具有说服力的命题：①无论有否合适的代理人与机制，都必须执行实在法规范的基本原则；②法律实施的基本原则必须受到资格与能力方面的制度约束。

因此，法律综合实施的问题加倍暴露出当代法律思想发展的阻滞。它表明，对法律及其预设的理想保持忠诚，可能会逐渐无意识地迫使我们拒绝想象与现实的制度实验。同时，它也表明，如果不迈出第二步，即便是极小规模的重构工作也不再可能。当代法律历史的这一篇章很好地阐释了主流观念中的自我遮蔽与自我暴露是怎样相互结合到一起的。

理性化法律分析的符咒

法律思想与社会民主

为什么法律与法律思想固执于权利的有效享用，拒绝寻找并拓展制度变革的机遇？为什么它们相信个人和集体的自决取决于经验性的、可试错的条件，而不去思考并构建能够满足这些条件的法律实践和法律制度？因此，为什么它们不在微小的、局部的替代性方案中接着寻找更大方案的可能开端——对代议制民主、市场经济和公民社会进行重新界定和变革的不同制度路径？换言之，为什么它们没有将 19 世纪政治与经济的自由观念拓展为一场对制度拜物教的决绝反叛？

法律思想受阻的最重要原因要到现代政治历史中寻找。但是，简单认为当代法律思想的局限性束缚住了社会制度的政治变革，这一想法在很多方面都缺乏解释力。

我们看到，在法律思想发展停滞的同一时期，政治经济生活的制度和意识形态背景却发生了连锁式的剧烈变革：这些变革在欧洲被贴上了社会民主主义的标签，在美国则被称为"罗斯福新政"。它们都将凯恩斯主义当作一个重点和一个支撑：一系列相互关联的制度和意识形态创新，将国家政府从稳健财政的教条中解放出来，从而降低了公共政策对商业信任水平的依赖。较之当前，它们都是彻底的变革：如果我们不在过去和现在之间进行比较，就无法理解当代工业民主社会中主流政治、经济及话语常轨（例如政治-商业循环）的力量与形态。这些变革有助于确立边界条件。边界确立后，个人和有组织的团体就可以在边界内把握并捍卫自身利益。

然而像所有制度化的解决办法一样，社会民主主义的妥协意味着放弃了更为广泛的冲突与论辩领域。各国政府赢得了控制反周期经济的权力和权威，通过税收-移转弥补经济发展带来的不均衡效应，并且采取了似乎必要的投资行为，以满足私人企业的盈利需求。但是，作为回报，它们不得不放弃那些威胁到现有制度的激进改革，例如重组生产交换体系、重构社会财富与收入的初次分配。

拒绝将法律分析的焦点从权利享用转向制度变迁，似乎只是社会民主主义方案所取消的更广泛冲突的法律对价。法律改革者的现实作用是继续并最终完成社会民主主义改革的未竟事业。法律思想家的任务是要发展出一种法律理论，从19世纪的既定私法制度中解放出来，公正地履行社会民主主义的承诺。从这个角度来看，不愿从有效权利享用的主题转向制度批评的实践，似乎是放弃更广泛的制度实验主义的结果。这种放弃是社会民主主义妥协的一项先决条件。只有挑战并改变这项妥协，才能期待法律分析继续沿着我所追踪的轨迹前进。如果它受到的挑战全都来自右翼保守主义，恐怕会得出这样一个结论：进步完全不值得期待。

制度保守主义的解释会给上述法律分析实践带来这样一个难题，即它所描述的制度设置及其与法律思想之间的关系过于静态、片面。首先，很难清晰地判断我们面对的究竟是一个危机和动能的重建时刻，还是一部平淡无奇的"续集"。不仅这些触及制度设计的难题和替代方案会反复浮现，而且也很难说清到底哪种方案更加忠于先前基础性的妥协。其次，制度变迁不止是重新想象的原因，也是重新想象的结果。如果我们确实在理解制度史时抛弃了功能主义和进化决定论，那么就必须给我们的社会想象实践——如法律分析——赋予一定权力，使之断然脱离制度拜物教，并对实践前景做出预测。最后，这些辩护意见并不承认法律分析的话语实践传统具有自我颠覆和自我变革的能力。近百年来的法律思想史为这些能力提供了一个显著的例证。为什么它们会被废弃呢？

以政策和原则为方法

无法从关注权利享用转向重新想象制度，不仅仅是法律对政治在社会中失语的微弱回应，也揭示出法律分析的标准化实践所造成的影响：影响是世界性的，但最精致的表达仍属于美国法律学说和理论。我称之为"理性化法律分析"，为此就需要确定"理性化"的具体内容。理性化法律分析在语言风格上既不同于19世纪理性主义，也不同于美国和其他地方在律师和法官的实践推理中占据主导地位的更加宽松，也更加注重语境的类比推理。

不存在什么"法律推理"：它从来都只是学术研究和话语形式的一个思维工具，且它的基本范围与方法也一贯稳定。我们所拥有的都是由历史确定的制度安排和对话模式。"法律分析的本质是什么？"这样的问题毫无意义，显得（法律人的）法律话语似乎拥有一个稳定的本质。在处理这种话语时，我们能够提出的合理问题是："我们以什么形式接受了它？又该将它变成什么样子？"本书将讨论，我们如今可以——而且应该——将它变成一种有关制度安排的持续对话。

理性化法律分析是一种表达方式，它将法律中延伸出来的某些片段描述成对相关政策与原则的（虽然存在一定缺陷的）表达。它是一种自觉的、有目的的话语模式，认为预设目标塑造了法律解释的发展。然而，它的主要特征在于将集体福利政策与道德及政治权利原则视为指导性目标的恰切内容。这种概括性的、理想化的政策及原则表达将法律理解为一种有目的的社会事业，为福利和权利设计出一套综合方案。通过理性重构，我们逐渐深入到法律内容中去，最终将法律理解成对社会生活进行理性筹划的组成部分。

在这个过程中，类比推理被认定为从混乱走向理性重构的第一步。那些隐含着目的性的判断，依靠自身的权威性和连贯性，引导类比推理的使用者通往更加全面的政策和原则。法律分析以政策为导向、以原则为基础进行反复操作，正如最有抱负、最具影响力的实践观所教导的那样，为法律理性表达的普遍性、连贯性和清晰性设立起更高的标准。

这种理想观念将法律表达为向一套可理解的、可辩护的社会筹划的不断趋近，同时也被认为已经部分地存在于法律之中。法律分析者未必是在编造谎言。但是，这些观念既没有一种单一的、明确的形式，也没有完全渗入法律素材的方方面面。因而，法律分析就包括两方面的工作：识别法律所蕴含的理想元素，之后推动法律及其已有解释的持续发展。具体来说，推动又分为两种方式：对政策和原则背后的观念加以完善；逐渐抛弃那些无法适应具有优先性的政策与原则所偏好的法律解释与先例。如果现有法律中现成的、充分有效的理想观念包裹上了过多伪装，法律分析者就会成为玄学家和辩护士；如果对法律做出了过多的建设性改造，从普遍认可的观点来看，他就会成为篡夺民主权力的人。事实上，由于这种神秘的辩护很难在现实的法律素材中找到稳固的根基，理性重构中这两种相互抵消的扭曲（these countervailing perversions）很可能以法律分析对立法权的非正当运用而收场。

我们思考政策和原则应当使用哪些词汇？或者为了将不同的政策与原则相互联系起来，为了让某一部分优先于其他部分，又该使用什么概念？在理性化法律分析的时代，对主流法学理论的最佳理解是在与这一分析实践相对应的层面上，将之视为操作性的意识形态（operational ideologies）。每个法学流派都提出了自己的方法来为这种分析实践进行奠基、修缮、改造。因而，一个学派注重经济效率的分配或动态目标，另外一个学派就可能以法律体系中不同制度的角色与责任为出发点。尽管如此，这些理论还是反复展示出同样的论证结构：对政策与原则所保持的目标理想已经部分存在于法律之中，只待更加明确的表达。并且，法律分析者如果适当地获知了这一理想，从中获得了鼓舞，他们的改进工作也就会在一定程度上生产出这样的论证结构。

理性化法律分析的扩散

法律分析实践以这样的方式实现了理论化，如今其影响 38
越来越大，影响范围也越来越广。在律师与下级法院法官的实践性话语中，它或许只能主导其中的一小部分，而主要体现在预防冲突、控制暴力和协商谈判方面。但是，随着司法的、法律职业的和法律学术的精英对法律及其实践与应用价值的讨论不断深入，理性化法律分析就逐渐占据了核心的想象空间。至少，它阻止了对法律的替代性想象，使其无法占据这一空间并发挥影响。

因其历史特殊性，这种法律话语在世界范围内的传播并不均衡，并且在不同地方呈现出由方法和理念的所塑造出来的早期历史特征。它在当今美国得到了最为慷慨的阐述（原因后文探讨），但其在全世界的影响力稳步增强。在这方面，它是一个带有历史情境特征的事件：相似的经验、问题和解决办法将人类连为一体；社会与文化的改革者汲汲于攫取、重组世界各地的实践和制度。正是通过这种方式，而不是通过在资本具备超级流动性的同时将劳动力囚禁于单一民族国家（或民族国家的同质性集团）的残酷手段，人类正在成为一个真正的整体。有些国家仍在将更多的尊重给予以类推为约束的法律推理实践（因为它在所有国家中都发挥着实际影响），仍然在为19世纪法律科学的事业艰难续命，但它们即将成为一座舞台，上演理性重构的新法学与传统法教义学的冲突剧目。

它在世界各国的传播过程中侧重点各有不同，这是一个常见的差异，显示出这个方法如何去适应因其介入不同历史而产生的不同压力。在美国，普通法与制定法的二重性一再表明：受相关政策与原则的指导，对法律的反思、重构和动态阐释是在法官造法而非成文法的司法建构中发挥了更为广泛和持久的作用。只有将这些栅栏最终推倒，法律人才能宣称自己在重新阐释、构造成文法上，享有与在普通法的内部发展问题上同等的自由。

民法法系国家对法律理性重构的路径依赖走过了不同的历程。19世纪法律科学在德国潘德克吞学派的工作中得到了最系统的表达。该学派的信徒认为它拯救并完善了罗马-天主教的欧洲普通法。在法典编纂问题上存在两种相互抵牾的立场：一方将法典化视为民主力量对法学家权力的驯服，另外一方则以为不过是法律学说的简单汇纂。前一种观点盛行于大革命之后的法国，在法律解释中坚守文义解释（literalism）。这种文义解释比其政治渊源更长寿，并且有助于取代潘德克吞学派，一如它有助于限制理性化法律分析在今天的全面启动。但是在19世纪末20世纪初伟大的法典化时代，大部分欧洲后发民主国家的民间法学家与学院派法学家都获取了塑造法律的权威。在他们的想象中，法典浓缩了法律科学话语。在民主制条件下，法典证实并修正了先于它们存在的法学教义。法律分析在这样的氛围中开放出理性重构之路。法典编纂与文义解释之间没有任何联系。悠久的历史为我们今天接受理性化法律分析做好了一切准备。

理性化法律分析的反实验主义影响

理性化法律分析在世界范围的传播阻碍了选择权与为个

人和集体自决提供实现条件的制度安排之间的辩证发展。这一辩证法正是当代法律的禀赋。理性化法律分析为达此目的所采取的最重要手段就是对制度拜物教的默许。它将法律所界定的社会实践与制度视为对那个理智的、正当的社会生活筹划的无限趋近。它将代议制民主、受规制的市场经济、市民社会的现有形式描绘成一个虽有缺陷却现实存在的自由社会，一个由个人与集体自决产生制度安排的社会。即便这些形式从来都不是唯一可能的形式，依照这一观点，它们的有效性至少来自历史，来自一个充斥着棘手的社会冲突又缺乏可行的制度安排的历史。

40　　理性化法律分析的工作就是尽可能去展示法律好的一面（可能是最好的一面），因而也就是在制度安排层面呈现出细致的、特别的法律形式。它必须对非常规的东西做出限制，因为与政策原则框架相协调的事物最终必须被当作谬误排除。法学家认为我们如果不大接受既有的法律理解，要去增强法律分析的修正力量，就会打破一种微妙的平衡，即声称原则和政策现实存在的宣告与将原则和政策施加给不完善的法律素材的意愿之间的平衡。那就是篡夺民主权力的密谋。于是，偏差和矛盾变成了对智识与政治的威胁，而非以别样的方式在智识与政治上创造机遇。

　　我们可以借助一个简单的寓言理解这些约束对抑制法律思想中的制度想象的重要性，也可以借此看到法律分析实践如何变成一个自我实现的预言。我们假设存在两个社会，一个比另一个对制度安排的挑战和修改更加宽容。在相对开放的社会中，法学家会说："我们要强调当今制度的多样性和独特性，它们都会有偶然的起源和意外的变化，最好对之加以批判、丧单，去掠夺为了其他目的而设计的制度安排，并且将它们用全新的方式重新组合。"随着时间推移，这种法律分析实践最终会对实践的实验主义敞开怀抱，自然也包括制度实验主义。相比之下，另外一个社会的制度安排就没有那么容易修改。它的法学家会说："让我们为这些制度描绘出最好的外貌，强调它们无限趋近于一个理性的、无限再生的筹划。以理性化重构之名，我们可以期待将一切变得更加美好，特别是为了那些最需要帮助的人、那些可能被最直接控制立法的社会力量牺牲掉的受害者。"然而，这种方法的持续实践将使我们不再有机会进行制度实验。它不仅回避了实际的实验，而且否定了我们通过有力的、不可取代的法律细节来共同思考和讨论制度命运的方式。这样的世界正是理性化法律分析所要协助创造的。

法律意识的复合结构

19 世纪法律科学时刻

没有哪种话语类型——无论影响力多么强大——可以独占整个法律文化，渗入法律心智（legal mind）的方方面面。即便是在获得了最清楚、最有效表达的地方，理性化法律分析也要在与其他法律观念的共存中获取自己的独特地位。在探讨以政策为导向、以原则为基础的法律推理模式的根源与局限之前，应先考察这种共存的普遍形态。我将以远远超越了美国 19 世纪法律科学之局限的法律文化为例，按时间顺序简要叙述。法律意识（legal consciousness）发展有三个重要的历史时刻，三者前后相继，实现了法律分析方法与法律视野的相互结合。后来者并不会完全取代前行者，而是叠加其上，产生出不同的法律观念和法律分析实践的复杂共生，标志了我们日益发达的法律文化。

这个时间序列上的第一个历史时刻属于 19 世纪法律科学。

它汲汲于描述潜藏在政治经济自由秩序下的法律内容。这些内容包含在一个由财产法和合同法所组成的体系之中，包含在一个守卫着私法秩序的公法制度与赋权（entitlement）体系之中。刚性的法是由自由社会的固有法律内容所决定的居中分配的协调性法律，与柔性的、政治性的恶法截然不同。后者是某些团体利用立法权攫取权利和资源从而劫持了政府权力的产物。

形塑这种实质法律观的方法论工具是如今被我们讥讽为形式主义和概念主义（conceptualism）的学说所保留的技术剧目。不应将之理解为演绎主义哲学（deductivist）对语言和阐释的粗鄙认识，对那些认为自由秩序先天包含了法律内容的观念而言它们仍具意义。由是，概念主义从权利体系的有机范畴（如财产权利）中开发出一整套规则与原则，形式主义从高阶命题推导出低阶命题，而被用来维护居中分配的良法与再分配的恶法之边界的话语实践则对二者进行了补充。这类 42 实践主要体现为一种重构性的解释，抓住一切机会要将恶法重新描述、重新塑造成良法。这种备用性实践是宪法上的失效（constitutional invalidation），通过改善解释来压制那些完全可以通过法律进行再分配的情况。法律科学运用这些手段，实现了自己代表法律规则和观念体系的基本使命，从而确保政治经济的自由纲领不受歪曲。它的科学任务与政治责任是高度匹配的。

这一法律进路阻遏了社会冲突。那些活跃的利益与意识形态，但凡希望获得现代性的更多承诺并拒绝让各项社会制度形成一个居中协调的框架，都会发起反对它的战争。而法律科学所遭到的攻击不仅来自外部，和所有强势的想象实践一样，它也在进行自我破坏。法律科学的信徒们在界定规则与概念时，发现从相对抽象迈向相对具象，这个过程中的每一步都不止有一处可行的转折。因此，旨在维护概念整体性和制度必然性的法律方法反而揭示出既有法律中存在着难以想象的多样性和机遇。

对这种意外的不确定性的洞察，最好的例证便是财产权之间无可避免的冲突。私有财产制度下，每个权利人都希望在权利的堡垒中进行绝对的处断。"不以伤害他人的方式使用自己财产"（*sic utere*）就是宣扬这种希望的理论之一，即只要权利人不去侵犯别人权利与财产领地，就能任意行使自己的权利，不仅可以将财产权视为个人自足的象征，甚至可以取代社会关系中的相互依存。然而，我们在法律上却发现了这样的现实：权利在理性的日常实践中总会发生相互冲突，冲突普遍存在，而且无可避免。事实证明，实践中的法律充斥着"无不法行为的损害"（*damnum absque iniuria*）和竞争性损害。前者指权利人在有豁免或无责任的情况下对其他权利人造成的侵害，后者指经济竞争的日常实践所导致的经济损害。

事实证明，权利部署的每一项措置都具有经济学家后来所说的"外部性"。禁止这些配置，或是让权利人为之支付对价（即"外部性的内部化"），将会抑制行为的生产性，并抽空权利的力量。但是，如果允许人们行使侵害权利的（right-invading）权利，并允许为损害结果选择责任，就等于承认了纯粹权利逻辑的贫困。即便更加深入地研究范畴和原则，也无法解决冲突、做出选择。有必要去找到一个稳固的立场，并通过合目的判断（judgements of purpose）来证明其正当合理，无论是明确宣示派性还是强调非个人性。竞争性损害与无不法行为的损害揭示出财产权之间的竞争根深蒂固，然而权利还是在市场经济法律中得到了界定。它们标识出权利所有人之间的横向冲突，并且要求通过政策上的妥协来获得解决。

43

法律思想花了很长时间才认识到权利间的第二种冲突，即纵向冲突：在不引发直接经济死亡的前提下进行风险经营时，经济组织要面对一系列不可避免的且相互联系的选择。经济主体活动遵循着一条失败和责任的红线，一旦触及就必须停止运作，宣布破产或者就自身行为给他人造成的损害后果进行赔偿。然而，这条红线在市场经济的法律逻辑中并没有固定的和天然的位置。法学家和立法者不得不去面对一系列的两难选择：是即时宣告亏损企业破产，还是在现行管理体制下通过重组获得新生（美国《破产法》第十一章）；联合经济活动究竟是应该承担无限责任还是有限责任；货币发行权是由政府垄断还是由银行独立行使；在选择了货币的公共垄断并产生了中央银行体系之后，是否为银行存款提供保险？

这些两难总是拥有同样的结构。遏制道德风险并使人们为其未予补偿的行为后果负责的冲动，必须与生产和财政上鼓励冒险行为的需求相互平衡。我们不可能找到一种普遍的、以规则为约束的方式预先甄别出孰优孰劣。事实上，这种不可能性正是人们选择市场经济的一个理由。同样，如果通过资本主义的历史理由，我们不仅可以理解市场经济的抽象形式，也看到这种经济意味着用财富奖励个人成功，从而乐意为了获得从事风险活动的特权而支付溢价，我们这类人就被称为"资本主义"。

红线不仅是变动的，而且无时不在变动之中，没有什么特别的划界方法能够让人完全满意。再一次地，做出选择不得不依据合目的性判断，法学家们无力从经济秩序预先设定的法律逻辑中推出这些判断。我们仍旧难以理解：为什么有关市场经济的可能制度形式的假定——法律对之进行了巨细无遗地描述——限制了我们为解决财产权之间横、纵冲突的可行方案而进行的想象。

认识到财产权之间普遍存在着横向和纵向冲突，认识到我们无法从市场经济及其法律逻辑的抽象概念中推导出解决办法，而且可能采取的本地化解决方案只得依赖各种政策或利益之间碎片化的、竞争性的妥协。以上这些不过是事情的一个方面。另一方面，我们还要在这些解决办法中，区别出哪些源自市场经济和私法体系的培育，哪些源自当代工业民主体制。

例如，美国《破产法》第十一章确立的企业重组制度为濒临破产的公司提供了一套替代方案：只要该公司确保不会导致债权人走投无路，公司管理层就还能有机会再次借贷并进行改革。（所有工业民主国家的破产法中都有类似规定。）这个模式推广到了很多法律领域，例如国际货币基金组织和各国政府财团帮助国家摆脱流动性危机的措施，又如在主要产业面临重大风险时对区域经济实施公共监管。[请思考东德工业的重建与私有化过程中由信托公司（*Treuhandgesellschaft*）所决定的选择性周转。]

假如我们缺乏可靠的、预先的（*ex ante*）经济标准来确定在选择性周转中哪些受益人需要得到优待。进而，假设选择性周转的成功（最初的明智决策在公司和社区中得到了有效执行）像许多经济举措一样，取决于某些相互联系的合作形式：企业与地方政府、地方政府与社区组织、投资者与劳动者、局内人（复苏企业中的工人）与局外人（正常企业中的工人和求职者）之间的种种合作。基于这些假设，选择性周转就需要为利益合作提供一个综合性的、复合式的法律结构。

这个结构可以包括相当于持续商讨的交易、不让合同变得过于明确的互相依靠与调整、有悖于在权利间明确划界之传统产权逻辑的财产权利、居于政府和企业之间的联合监督

45 与协调。要想提出这样的建议，就要对市场经济的法律形式进行改造。要想对市场经济的法律形式进行改造，就要对代议制民主和自由公民社会的传统法律形式施加压力。

看到只能依赖有缺陷的、粗糙的妥协来解决权利冲突，不代表我们就能发现其中存在着累积性制度变迁的可能出发点。不过，二者之间的区别与我们凭借一种固有的、确定的法律逻辑来摆脱市场经济的源初观念相差无几。尽管法律思想已经坚决地完成了前面一个任务，却显然没有完成第二项任务，甚至没能展开任何想象。

认识到财产权之间存在着横纵冲突，标示出法律思想的自我颠覆任务。这一任务具备两项显著特征：走了很久，却是原地踏步。

由于这些限制，法律分析对市场经济的政治架构和制度偶然性的认识逐渐深化。法律学说与法律理论近一百五十年来的全部运动都是在为完善这种见解并理解其含义而进行努力。然而，这场斗争的发动者与斗争对象都是法律科学；换言之，法律科学发动了一场针对自己的战争。

当代法学家错误地以为自己涤清了这种法律观的污染。于是，美国法律理论总要庆祝自己成功地排除了"洛克纳主义"（Lochnerism）：一个被制度拜物教追捧并得到宪法保护的私权体系，它反对一切对权利和资源的重新分配以及对经济活动的规制。然而，洛克纳主义早已潜入后继的法律意识之中，并存活下来。在这个隐蔽的位置上，它越来越不能容许批评。可以肯定的是，它在经济学而非法律思想中获得了充满活力的新生：除了最严谨、最具自我否定精神的经济理论，所有的经济分析都有赖于市场经济的天然法律制度形式，仅对微小的变化保持开放。

这一姗姗来迟又遮遮掩掩的洛克纳主义也继续给法律留下痕迹。有时是通过某些组织化的概念，例如美国法中的国家行为理论，以及在其他法律体系中的功能等价物。国家行为理论假定，政治建构的社会制度安排根本有别于那些在一定程度上基于前政治状态而产生的社会制度安排。然而，这种区别并不是洛克纳主义如今屡遭嘲讽的副产品（即赋予私法规则和概念以某种特殊的权威来标示出排除政府干预的中立基线），反而是其最核心的主张。有时，我们可以在回避对法条精确解释的一系列态度中（例如愿意接受私法的核心规则具有更大的稳定性和合理性）发现这一法律观念的影响。该观点将那些对规制和再分配进行了细致又充满争议的努力摆在私法的对立面上，使得财产权和交易规则看起来比税收-移转条款更少一些人工色彩。然而，法律科学事业的持续力量在理性化法律分析那里得到了最重要的证明，虽然不再彰显 19 世纪法律科学的话语风格，却仍然依赖它的诸多假设，致力于实现它的各项抱负。

理性化法律分析的时刻

当代法律意识的第二个时刻是使法律分析自身理性化的时刻：以政策为导向、以原则为基础的法律分析风格，认为法律分析应依赖于目的归属（the ascription of purpose），使集体福利或政治权利在普遍观念上的内容成为指导性目的。然而，这种用原则和政策相关联的语言对法律进行理想化和概念化的论述，并不是早期法律科学的唯一继承者。

此后至少还存在两组思考和讨论法律的语汇：其一认为法律是在有序的组织化利益冲突中的一系列妥协的结果——有时被称为"利益集团多元论"；其二认为法律是财富和权利的非人格化理想的某种具体形式——虽有缺陷但只是暂时的。后文将反复涉及发生在这两组词汇之间相互矛盾又令人困惑的交易：一个将法律理解成各种利益群体之间受规制的契约，另一个则将之理解成对普遍性、理想性目的的不完全表达。后者（而非前者）在职业化和学院化的法律文化中取得了规范地位，在各个方面都最贴近它所取代的法律科学的精神和结果。这两组词汇的共存有助于我们发现新式法律分析的核心特征。

理性化法律分析用一组对比取代了另一组虽有雄心却颇为僵硬的对比。前一组中，一边是作为原则与政策的去人格化法律，另一边是作为利益群体间的派系自我交易（fractional self-dealing）的法律；后一组中，一边是法律作为协调自由平等个体间关系的中立分配框架。另一边是法律作为此框架内不正当的（illicit）、再分配性质的政府规制。不难看出，这两组对比相似得令人尴尬。自由政治经济秩序在定义中暗含的观念，即私人和公共权利在制度安排上固定不变，在此消失不见了。理性化法律分析与这一观念联手拒绝了它的主要推论：以财产和合同为核心的私法体系能够提供一条中立分配的标准，来判断政府"干预"是否合法。然而，它却从这种主张的破产中拯救出一项承诺，即将法律用原则和政策语言描述为对公共利益的追寻，并且与通过立法来追求派系利益的做法形成了鲜明对照。

确保人们切实享有自由公民、自由经济主体、自由个体的权利，似乎要比公共利益的任何组成部分都更加重要。只有将满足有效享用权利的要求当成自己的使命，国家的规制活动和再分配活动才能获得合法性，才能表达其与公共利益的联系。

这种法律表达的自觉任务就是将法律构想为积极能动的政府所进行的规制和再分配活动。理性化法律分析在这项任务中获得了最大成功。而更大的任务是站在社会民主的立场上重新想象法律推理的方法，以及包含传统私法在内的整套法律规范和法律制度。理性化法律分析及其所支持的理论很难就此继续取得胜利。事实上，无法完成这项任务，反倒给当代法学家们提供了借口：要做的工作已经足够多了，不必再去负担更为宏大的智识或变革的抱负。一旦受到阿特拉斯（Atlas）情结的迷惑，法律思想便驻足不前，不肯在远离 19 世纪法律科学的道路上再多走一步。

48 后文将讨论这种思考和讨论法律的主流方式的动机与局限。现实的社会冲突，连同智识上不可避免的自我颠覆，再次暴露出它的软肋。在政府规制和再分配的时代，群体利益与责任、社会融合与排异之间的冲突无休无止，破坏了那种认为任何规制和再分配都可以作为对原有社会秩序进行权威修正的观点：这种修正将使自由民主的承诺成为现实。但更加令人不安的是，奉行制度保守主义的社会民主体制无法通过政策工具来获得某些实践与制度，法律人的政策与原则话语同样也无力加以表达，而我们无法有效享用权利的最主要原因正在于这种匮乏。

作为限制不平等的一个策略，税收—转移支付的实际效果令人失望。它仅在个别国家中发挥了平衡财富和收入的有限作用，对经济权力分配的影响更加微弱。通过税收—转移支付进行再分配的每一次重大尝试都会直接导致投资减少和资本外逃，也会因其对公共财政的腐蚀作用而间接制造出经济压力和经济危机。实践造成的失望表现为这样一种话语模式，即将作为经济目标的公平和效率描述成一种紧张的反比关系。

限制不平等的另外一个方案，是重组生产交换和体系，并重组公共权力与私人选择的关系，由此影响财富和收入的初次分配，同时确保、扩大市场活动的范围。这个方案有赖于制度试验，包括在财产制度中进行试验，而社会民主妥协已经排除了一切试验的可能。

随着社会民主妥协的局限性显现，理性化法律分析发现自己陷入了两股力量之间。一方面，它必须在既有制度的解决方案中发挥最大作用：不是视之为暂时的、偶然的政治妥协，而是持久的、理性的框架；这一框架有待完善，但不接受任何挑战与变革。另一方面，要想谨慎地将法律看作是政策和原则话语对社会理想的具体表达，就必须承认这些理想有可能会与实际的实践和组织发生冲突。法律的综合实施正是对这一对峙的最佳法学表达。法律部门的划分掩盖了这种方向性的冲突。实体法上不得对制度安排进行全面审查，最多只能以综合实施这样的程序性补救措施进行选择性的制度检讨。我们已经看到，这种程序创新的后果不恰当地调用了法律程序中所有可资利用的角色和机构：法官之所以采用综合实施，是因为他们需要这样做，实体法似乎授权了某项法律实施，但司法部门和其他机构一样都不适合该项授权。法官缺乏完成这项工作所需的权威、专业知识和资金，只能做些边边角角、断断续续的修补，直到耗尽一切权力，消磨掉全部意志。因此，根据法律思想自我颠覆的发展逻辑，我们要将程序法去理性化

（derationalize），从而更好地维护实体法的理性化。循此思维，我们可能会问：为什么不能将实体法去理性化，从而更好地维护我们的利益与理想？

在理性化法律分析的缺陷、自我颠覆等核心问题上，存在一些类似的描述方法。后文将对之予以多角度介绍。依据其中的一种描述，理性化法律分析引发困惑的原因在于在派系利益与非人格化政策或原则之间很难保持有机区分。政策与原则的理想语言对公共利益的每项具体定义，要么过于含混而无法指导对特定结果的判断，要么过于费解而难以从各种（勾连着派系利益的）信念的相互矛盾中分离出来。

然而，如果我们把注意力集中在法律理想与社会事实的关系上，就会清楚地看到这种话语实践中最具启发性也最令人不安的地方。以20世纪美国法学论文的典型形式为例，这类文章总是将法律规则和原则向外延伸的部分描写为一系列政策和原则的表达，批评已被接受的那部分规则和原则不足以实现其所遵从的理想目的，最后得出的结论则是法律变革必须在细致的法律素材和旨在使这些素材产生意义的理想观念之间形成一个更有说服力、更加全面的平衡。但问题是，为什么改革驻足于此？为什么它不能向社会制度安排的根基处深入推进，依据理想观念予以重构，再用现实的或想象的制度重构重新界定理想观念?政治实践所隐含的可行性判断控制了对这个问题的回答。鉴于多数制度背景——就现实层面而

50

言——在任何给定时间内都应保持稳定，有关制度修正的建议就应保持适度，且仅针对边缘状况。此外，由于去个人化的表达应以类似法官或类似官僚的身份发声，改革目标就决不能囿于派性。这种隐性限制使得理性化法律分析很大程度上规避了质疑和审查，从而最终塑造了理性化法律分析的实践。对这种不正当隐性限制的服从，制造出一种可以任意混淆规范判断和现实策略的感觉。这感觉越来越成为操作法律分析时必不可少的现实经验。

以法学论文为例意义有限。法学家并无行政和司法职责，只是希望与行政和司法实践保持某种联系，为法律改革提供建议。但前文结构禁制令的例子表明，问题会在我们操作法律分析的诸多角色身上反复出现。法官必须时时调整既有法律理解，但如果改动过多，或是进行了较为激进的改动，从而挑战、革新了法律所规定的部分制度秩序，那就逾越了理性化法律分析分配给法官角色的边界。如何让法官恪守边界？如何令人满意地保证大多数既有的法律和法律理解在任一给定时间内都能被表达为相关的政策和原则？进而，法律作为不同群体、利益和愿景之间持续冲突的过程，包含着展望性的历史认识（the prospective history of law）；作为政策和原则的一套智识方案，又构造出回顾性的理性化过程（the retrospective rationalization of law）；二者如何才能相互协调？抑或，限制法官修正制度的权力，是否来自一系列用以判断"法官适合做什么"的独立标准？如果是，这些标准又从何而来？无论其内容与出处，它们又如何摆脱那些严格又散漫的限制，将法律重新想象、重新构造为对政策和原则的表达？

法学教义的策略性重述时刻

51   如今，以政策为导向、以原则为基础的法律分析在进行实际操作时，这类限制已经成为不可或缺的一部分。同时，能动的、规制性的、再分配的政府在现实政治中发挥着破坏稳定的外在力量。二者共同形成了现代法律意识演进的第三个时刻。这一时刻叠加在 19 世纪法律科学和理性化法律分析的时刻之上，重新定义了以政策为导向、以原则为基础的法律话语，使之成为一种策略，服务于一系列特定的政治规划。

我将这一系列政治规划称为"保守的改良主义"（conservative reformism）：在既定制度秩序的边界内追求规划目标，例如更加充分的经济竞争、实践机遇以及更加平等的文化发言权。在当代法律意识的策略化阶段，保守的改良主义产生出一个颇具影响力的版本，我称之为"悲观主义渐进改良论"（progressive pessimistic reformism，后简称为"悲观改良论"）。

悲观改良论决定于两个信念和一项承诺。信念之一使其具备了保守的改良主义的特征：制度不会发生彻底改变，即便这种改变是可能的、可欲的，我们法学家也不能成为其合法有效的代理人。信念之二使其具备了悲观主义的特征：在立法的政治过程中，大多数人出于自利会不约而同地排斥无权力的边缘群体。纵使我们能够确保在形成性的制度安排和已确立的社会信念方面进行累积性的变革，也可能使那些最为脆弱的群体陷入更加危险的境地。他们的保护性权利可能会被制度重建的热情毁坏殆尽。在制度上持保守立场的社会民主体制通过税收—转移支付机制，以及由理性化法律分析推动的回顾性改进，为弱势群体制造出美好希望。确实，从这个角度上说，社会民主制与理性化法律分析本就是同一政治规划的双重手段。法律被表达为去人格化的政策与原则，而非部分强势利益的胜利同盟。凸显出法律最为美好的一面，法律人就能为那些最需要帮助的人提供更好的服务；以理想化的法律解释为名，法律人就能将权利和资源重新分配给那些一再受到立法胜利同盟戕害的群体。因此，渐进的承诺依旧来自对理性化法律分析的坚持。

从有利的方面看，正统的法学教义可能是一个谎言，却是一个高尚且必要的谎言。它为最坏的情况提供了保险，也为处境最糟糕的人们带来了温和但现实的改良，如果没有它的帮助，他们将会遭受更大损失。

与这一法律观相伴随的分析实践对理想目标的依赖，和理性化法律分析几乎没有区别。它是一个附条件的理性化法律分析，而且是一个颇具讽刺意味的条件：尽管在方法论上的

52

假设并不完全可信，却服务于一项重要目标。由愿景到语汇、再由语汇到策略，这个转化非常微妙：强制性策略要求执行者继续使用那套与他不再相信的愿景相对应的语汇。如此，他就不能完全理解隐含在策略语言当中的限制。事实证明，理性化法律分析不能无差别地适用于所有政治体制，它只适用于在制度上持保守立场的政治。这种政治放弃对制度结构加以持续性的累积式改进，仅要求在现有结构内重新分配权利和资源。

一旦社会的主要问题需要通过有关现实制度安排的实验主义来解决，这一缺陷就会成为致命伤。这个策略将会反噬策略的执行者。

法律意识的当前形态并非上述法律思想发展时刻中的某一个，毋宁是三者的混合。这三种思维方式不仅共存于相同的法律政治文化之中，也常常存在于相同个体的头脑之中。最终，我们将形成一个话语共同体，和其他话语共同体的形成方式没有两样，它们都符合普鲁斯特小说中叙事者所阐发的那条原则：那些思维和我们同样混乱的人，是我们的朋友。

利益集团多元主义与理性化法律分析

两套互不相容的法律语汇

在深入探讨理性化法律分析的根由与局限之前，让我们先来思考一下政策和原则的理性化语汇与它在当代政治法律文化中的最强对手和主要补充是如何相互联系起来的：利益和利益集团多元论的语汇。我们可以推断，政策和原则的语言并不是一个自证其明的媒介，在它以外另有一套表达法律的语言。这两套法律语汇所倚赖的假设互不相容。它们的合法适用界限在理论上存在争议，在实践上变动不居。使用哪一套，以及在何处使用，都是非常重要的问题。

然而，奇怪的是，这两种截然不同的法律方法在当代政治法律文化中居然或多或少地达成了共存。它们在意义和结果上大相径庭，却在法律分析与制度想象的分离中相互融合，从而为和平共处提供了条件。

我们所谓的"利益集团多元主义"，认为法律是有组织的利益集团之间冲突与斡旋的产物。在政党选举政治的背景下，议会是民主体制下发生立法活动的主要场所，但非唯一场所。司法、行政机构的选举及其他活动当中同样也会发生利益集团的对抗和妥协，只是采取了相对缄默的形式。依照利益集团多元主义，每条法律都代表着利益集团之间持续冲突的战利品和休战书。只要冲突行为能够持续满足以下两个要求，冲突行为的法律后果就能一直保持合法性。第一个要求是各利益集团相互较量的基础必须是由法律确定的基本规则，特别是宪制民主和选举政治所安排的法律。第二个要求，任何集团都不得明显缺乏组织性或代表性。存在相关问题的集团必须给出一套长期解决方案，以确保弱势成员能够发声，同时也要拿出一套短期方案，为其提供特别保护或补偿。

在这样一套替代性语汇中，我们应当识别出刻画在每条法律中的交易来解释法律。各种立法力量之间的平衡，各主要力量的不同目标，以及为了实现目标而进行的妥协，都有助于我们理解法律。我们并非要对政策和原则的理性化语言进行回顾性的合理重构，而是努力将法律理解为现实妥协在现实冲突中的情境化表达：既包括理想愿景间的冲突，也包括物质利益上的龃龉。

如上所述，利益集团多元主义无关立法社会学。如同理性化法律分析一样，它也是一种规范性话语，为法律何以合法、如何表达法律提供了某种解释。它与理性化法律分析没什么不同，面对的也是同一个对象。它并非异端邪说，就是当前两种法律主流话语其中之一。那么，这两套看似无法相容的语汇究竟如何得以共存？

通常以为，二者之所以能够共存，是因为分别适用于不同领域。利益和利益集团的语言向来是立法和选举政治的自留地。政策和目标的语言则在专业化的法律解释（特别是审判机制）中发挥作用，当然也会被其他需要像法官一样思考的法律分析者和行政人员采用。因此，法律语言二重性的传统管理方式就是根据话语发生的语境在二者中来回切换。

两套语汇之间变动不居的界线

但是，我们可能会问：为什么两种进路的界线要划在这里而不是那里？比方说，为什么不能将利益群体多元主义的词语和方法当作案件审判方法，使之进入裁判机制当中，就像作为描述立法的方法那样？对此，可以提出如下三条反对意见。

首先，各方力量之间的潜在平衡或妥协有可能是暧昧不明的。例如，当法律法规对全脂奶粉进行了销售和价格限制时，我们很难说清全脂牛奶的生产商和销售商会因此赢得多少消费者。我们也很难说清为了面对国外竞争，立法在何种程度上阻止或延缓了制造业工厂的破产，此时工会组织对企业主又做出了多少让步。事实上，我们很难精确地去描述某次谈判，或是衡量出不断变化的利益具有怎样的现实影响力。但问题仍然存在：与什么进行比较？无论冲突与妥协的界限、成功者与失败者的身份何等模糊，它们都扎根于有形的社会现实之中。与此形成对比的是，理性化法律分析的理想目的和政策没能在社会现实生活中找到一个安全的位置。它们可能在选举或立法辩论中得到援用，但仍旧保持着那种游移的、多面的性格，除非能被法律分析者的系统话语所捕获、修缮、发展。

55   其次，在两条进路之间进行对比本身就是误导。在政党政治与法律制定的立法冲突中，政策和原则起到了一种塑形（formative）作用。愿景有助于塑造利益。政治家要为普遍价值中相互对立的观念进行斗争。理性化法律分析者仅仅抓住了法律素材当中与社会有关的部分因素，通过对之纯化、改进，淘洗掉纠缠不清的自我交易渣滓，由此完成理性化法律分析的任务。但是，这一反对意见误解了促使两种法律进路形成对比的力量。我们并不需要将利益集团多元主义理解为一种肯定并接受物质利益高于意识形态的学说。相反，它的用意在于坚持冲突本身的中心性、合法性，而非精神利益和物质利益，甚或两种利益的结合，进而指出民主体制下的法律应当被理解为依据基础规范（groundrules）对冲突施加的规制，以及通过妥协对冲突进行的调和。

    由此可知，每条法律都包含了两种进路的一小部分。我们不需要在法律上完全认清尚在萌芽和发展之中的理性方案之后，才去承认其合法性，并解读其意义。我们可以承认在意识形态主张之间的冲突和妥协，也可以承认对财富和特权进行野蛮掠夺之间的冲突和妥协。理性化法律分析拒绝向斗争与妥协的无序状态屈服。向后回顾，它将法律的每个分支领域都视为社会生活理性秩序的可能片段。这才是真正的特征所在，精神上如此，词语中也是如此。

当我们抛开这两个被误解所玷污的反对意见，将利益集团多元主义的进路运用到司法裁判机制时，就会得出更为微妙的第三个反对意见。坚持把法律解释视为政策和目的在司法裁决机制中的具体体现，我们就可以对立法政治对集团利益的自私追求做出重要约束。强势利益集团的政治代理人将会明白，他们制造出来的法律一旦转交到法官和法学家手中，就会被解读成推动公共利益的种种努力。只要有机会，建构性解释就会从派系利益中拯救法律。当这些利益过于强大而阻碍了救济时，宪法民主体制中的司法就有可能彻底推翻这些已经无法再予重构的法律。

因此，为了取得成功，利益驱动者不得不作出让步，使其法律规划披上公共利益的伪装，并用一种能够将这层伪装加以理性化的语言进行描述。至少，在理性化法律分析中诉诸理想目标，将会起到与马克思主义相同的铸造意识形态的作用。意识形态将占统治地位的利益合法化，从而视之为实现更广泛集体价值的工具。而要想将合法化加以普世化，就必须使用

56

具有现实力量的手段，去缓和占统治地位的利益的自利性质。

两套法律语汇之间令人惊讶的切换可以得到实用主义的辩护，但麻烦在于它所倚赖的事实假设总会被证明是错误的。披着公共利益外衣的寻租行为和派系活动，只要还以各种变相方式存在下去，就有可能不断获取更加危险的成功。随便翻翻立法和选举的辩论记录，就可以看出公共利益的语言是多么富有弹性、多么含混不清。集团利益有时可以因为被迫发表公共关切的宏大言论而得以驯服。如果伪善是恶行献给美德的礼物，作为一种最低限度的和现实主义的政治道德的工具，这种言论就有用武之地。但是，一如既往地，只有认识到通过法律的自我交易，才能更有效地对它加以控制。

这不仅仅是政治理论的思想论争。它具有法律推理的实际意义。法律若被视为各种利益群体之间的契约，法律解释就会受到限制；若被视为非人格化的原则和政策的具体化，就会为扩大类推提供起点。用利益话语表述法律，程序立场就会受到牢牢控制。用政策和原则话语讨论法律，伴随建构性解释和扩大类推而来的，就是拓展立场、增加补救办法的意愿。

纵使有人敌视所有对现有制度和观念的批评，只要桎梏于当今法律和政治文化的想象性世界，就无法在立法和司法的边界上给这两套词语划出清晰的界线。美国法律思想的晚近发展证实了这一点。1970 年代，一群受过主流经济学训练的美国右翼法学家开始质疑两种进路及两种制度的平行论。

他们区分出两种法律类型：寻租法和公共利益法。（尽管寻租法主要产生于议会立法，但在法官造法中也能做出类似区分。）他们提出，法律解释（包括司法解释）在寻租法中采取"履行合同"的方法（the carry-out-the-contract method），在公共利益法中则以目的性政策为立场。区分法律的这两类变体，他们提供了一个实用的信号清单：例如，法定框架是否包含了足够详尽的细节；集团利益和妥协在立法记录中表达得是否足够充分；最重要的，我们如何能够轻松地在法律中发现寻租的踪迹（如市场准入限制）。他们认为，寻租立法往往希望自己处在隔离状态当中，排除外界的模仿，阻碍程序的进步。这个学术群体中的某些人之后成为颇具影响力的法官，并以法官身份去践行自己所鼓吹的理论。实际上，此前用以标识立法和司法界限的那种区别，已被他们带入了司法实践。

57

令人不安的影响

我们能够从以上观点和事件中得出两个结论。其一，理性化法律分析和利益集团多元主义尽管在具体描述和方向上有所不同，但由于都具有一种决定性的负面属性从而可以共存。这一负面属性厌恶一切制度修补，要将法律表达从对结构背景的想象和探索中彻底剥离出来。就利益集团多元主义而言，法律是各个利益集团在一个不受挑战，甚至隐而不显的制度背景之下产生的冲突和妥协。代议制民主和市场经济在以往的冲突和妥协中沉淀下来，成为一套不容置疑的制度安排。不过，其中隐含的意思是，利益集团多元主义为了支持这些制度安排必须提出更加坚定的主张：通过不断试错，它们在选择机制中呈现出一种接近于"永动"（perpetual-motion）的特征。它们提供了一个对所有利益保持中立的框架，并因此向所有妥协公平开放。该观点在政治经济学中有一个副本，即关注制度历史和制度分析的新制度主义，试图简单拓展既定经济体系中以理性化为标志的经济决策，用以解释经济制度安排的起源和扩散。于是，例如现代欧洲市场经济制度就成了对由人口增长、技术进步等因素引发的问题与机遇的（必要的）理性反应。如果制度框架本身有缺陷，而且会自我复制这些缺陷，如果它只是民主和市场的多种可能形式之一，而且不同形式会给利益集团之间的议价带来不同的后果，那么利益集团多元主义在实践上就根本不完整，必须由其他表达方式和立法方法加以补充，而这有可能会完全改变其含义。

基于类似的假定，理性化法律分析生产出类似的实践。政策和原则话语仍然集中于现有制度秩序中权利与资源的再分配问题。通过建构性解释所完善的方法，它要求我们尽力理解法律的最佳面向，从而理解由法律所界定的制度和实践的最佳面向。比如，美国宪法教义学对宪法解释的态度就为理性化法律分析提供了一个极端案例。美国宪法要想适应美国所需要的民主，就必须进行全面修订，这点是无可置疑的。如果存在民主制度的最佳形态，也必须在宪法中找到。如果穷尽一切办法也没能在宪法中发现，它必定不会像看上去的那样好。宪法崇拜给理性化重构制造了压力，因而可能是抑制制度批评和修补的一个较为极端的例子，但也不过是在当今主流法律学说的理念和方法中普遍存在的极端例证。

对比两种法律观所能得到的第二个结论更加简单明了。如果存在着两套表述法律的词语，如果它们之间的边界存有争议，而且边界本身又变动不居，那么我们为什么就不能有五套语汇，或是另外一套与这两套都不相同的语汇？研究当今法律政治文化中两套法律语言的共存，就是要获得一种对偶然性的不安。

为了更好地把握这种偶然性中的不安，我将研究理性化法律分析在动机和限度上的四种相互补充的观点。这些观点既为理性化法律分析的现实使命提供了各自的解释，同时也暴露出它的软肋。通过理解理性化法律分析对使命的自我理解，我们希望由此走进它的内在想象世界。如果说我们的缺陷是上帝埋藏在人类心中的第五纵队，那么话语实践的缺陷就会产生自我颠覆的力量。我们应当深入研究理性化法律分析，59 因为它正在成为全世界范围内最具影响力的法律话语，同时也因为它能够通过自我颠覆，为法律思想转向制度想象而敞开道路。

理性化法律分析的四重根：对类推的偏见

一个根深蒂固的偏见

对理性化法律分析的最简单界定就是指出它代表了一种清晰、连贯的思考法律的方法。从这个角度看，如果对法律的思考足够持久且深入，最终就会获得这种以原则为基础、以政策为导向的目的性法律推理类型。依照它对法律原则之目的的解释，其主要敌人就是将法律分析交付给缺乏反思性的类推。很多法律传统都将类推比较和区别技术当作法律推理的核心问题，维护习惯与先例的基础地位，拒绝一味追求过高层次的抽象性、普遍性和系统性。19世纪法律科学的衰落给未经规训的类推留下了一个真空。但是，如果我们在思考法律时能够保持头脑清醒，它就不可能长时间地占据这一空间——只要继续推进前面的论证自然会得出这个结论。

坚持类推判断，我们就会发现，对类推比较和区别技术的描绘（至少是潜在地）有赖于与重大人类利益相关的目的性判断。一方面是现实情境的急速增加，另一方面是表达和连通这些目的的持续努力。在经验和分析的双重作用下，一种松散的、非定型的类推大量涌现，并呈现出形式化的端倪。目的被调动起来，逐渐获得了更为普遍化的定义，并且与承载着政策和原则之目的的理性化法律分析越来越相似。通过对相关语境和引导性目的的相互发明，借用曼斯菲尔德爵士的名言，"法律纯粹地自我运作"：它接近了自己所期望的那种形式，为人的联合找到了可理解、可辩护的方案。回顾过去，未经重构的类比判断实践终于向政策和原则的推理迈出了充满困惑的第一步。然而对理性化法律分析而言，迈出这一步的意义正如直立行走对爬行的意义。

对反类推偏见进行批判，最好首先概括实践推理（practical reasoning）中各种类推模式的共性，因为在各种做出现实决策并予以正当化的模式之间已经形成了某种松散的联系。后文将指出，类推的空间可以用三个极为简约的属性标示出来。

类推的三个属性

类推的第一个属性是在目的归属（ascription of purpose）与情形分类（classification of circumstance）之间往复呈现的辩证性。为了适用某个规则，我们需要对事实情形进行比较或分类，并依据重新分类和重新表述所要推进的目的，在与其所支配的现实情形之间的关系中对规则进行重新表述。我们很难在规则支配目标所指向的情形与目的性判断之间进行清楚的比较或分类。类推并不天然存于事实当中；它是一种方法，协助我们对某些关乎利益的事实进行分类。关键是不能按照我们的好恶来分类。相反，我们必须根据适用规则的努力和被适用的特定规则所推动的利益理解，将相应情形的界定和相关规则的界定结合起来，否则就无法将规则和情形有效地结合起来。儿童三轮车是否属于"公园禁止车辆进入"之规定中所称的交通工具，也即是否将儿童三轮车类推为机动车辆，取决于我们是否认为这一规定意在避免危险、噪声或儿童三轮车可能造成的其他问题。

在指导目的、相关规则与典型现实情景之间往复演绎的文本中，形式逻辑甚至三段论演绎推理都可能发挥作用，甚至在更具包容性的类推辩证关系中起到了一种编码的作用。但三段论的小前提——儿童三轮车是不是车——是类推的全部任务。关键在于如何理解三段论的史前史。

实践推理通过类推呈现出的第二点共性在于类推的使用者所给出的指导性利益和目标都是开放的。它们并非封闭的列表，也不是在一个由高阶命题和低阶命题构成的（且前者胜过后者）体系中按等级排序。它们反映出人类的真正旨趣是多样的、无序的、不断更新的。类推不是从某个更高的权威或见识出发，将某些纯然的实践强加在这些问题上，而是日常

生活中日常表达的必然。儿童三轮车在今天可能不属于被禁
车辆，因为它既无噪声也不会对成年人造成危险，但可能明天
就有人关注到公园里蹒跚学步的孩子，既然允许这些孩子进
入公园，那么儿童三轮车即便没有太大威胁也有可能会惊吓
到他们。心理感受和行为实践有可能会改变，而且通常总是同
时发生改变。

相同的例子也表明，有关目的和利益的清单还以另外一
种方式保持开放。在一系列类推的比较和区别中，各种常见利
益上分布的能量和权威总是发生变化。如果规则和情形的结
合必须持续对话，那么话语共同体的结合更应如此。此刻的焦
虑在彼时就会转为冷漠。我们不可能将与类推相关的所有目
的排列成一个等级体系。这正是社会经验拒绝服从预先规划
的结果。

类推判断的第三个共性是第二项属性的延伸。类推是非
累进性的（noncumulative）：反复实践并不能将它逐步塑造成
一种越来越抽象，也越来越具体的等级秩序，因为这些指导性
利益或目的本身无法发展出一个由公理及其推论构成的体系。
某些领域发生了趋同和简化，其他领域就会同时出现差异性
和复杂性。类推在使用上可以有所发展，但其形式却很微妙：
扩大类比判断的问题范围，丰富指导性目的的表述，完善变动
的目的与恒定的情形之间的联系。比起我们进行日常道德判
断和政治判断的方法，类推判断实践的发达形式会更具自我

意识，也更受约束：来自法律素材的约束，来自表达集体性和强制性目标之决意的自我意识的约束。

反类推偏见毫无根据

人们对话语实践抱有一种错误看法，从而形成了反类推的偏见。将类推视为以公理为约束的抽象推理的不成熟形式，就是默许实践中的某种帝国主义。仅仅因为理性化法律分析或其等价物能够提供一套正当化标准，就推定它们占有理性的权威地位。我们为什么要接受这样一种推定？比起道德、政治、法律方面相对抽象的演绎推理模式，审慎的类推实践是一种更加普遍的人类历史经验，在人类所关注的事务上也更加深入。即便是在法学思想的世界历史中，类比推理和法律评注（glossatorial）所取得的重大影响，也远远超过了同时代致力于抽象原则的体系化或理性化法学。类推的践行者在理性化法律分析的践行者面前总是特别自信。比如，古罗马共和主义法学的最后保卫者们认为，罗马法原本是一项高超而精湛的技艺，而法律理性化象征了这门技艺在古希腊理性主义和官僚政治的双重作用下的堕落。这与美国法律现实主义和后现实主义对待抽象法律的态度如出一辙，他们浪漫地将普通法看作是一种实验性的、以语境为导向的推理产物。理性主义者所迷信的概念帝国主义在一种反迷信的、不可言喻的法律技艺中遇到了敌手。这种高度技艺化的实用思维时常被用来豁免社会对法律思想的批判。

一旦我们记起类比的思维模式其实承载了精神、人格等在西方观念史上最具影响力的概念，就更容易破除对类推的鄙薄了。犹太教、基督教、伊斯兰教等闪族一神教对人-神关系的理解都来自对人-人关系的类推。启示叙事深化了个人叙事，而且肯定了一种革命性的价值重估，使得人格性比非人格性在知识和权威的来源上具有了更高价值。类推和人类知识是一对永恒的伴侣：对自我经验的解释与对他人经验的解释互相类推，将我们拯救出唯我独尊和妄自菲薄的境地。而法律思想对类推判断的压制一旦落实，就是对法律的彻底非人化（dehumanization）：既是对人的非人化，也是对规则的非人化。

我们必须摆脱对概念帝国主义的迷信和对法律艺术的反迷信。实践就是实践。它们服务于各种已经得到了部分表达的目的，也塑造着我们可以追求的目标和我们能够接受的可能。它们没有恒定的本质。我们已经习惯了这样一种观念：自然科学的方法是随着科学解释的内容缓慢而隐蔽地发展起来的。法律推理也应如此：我已举例说明了当今法律思想的理性化风格在多大程度上区别于 19 世纪法律科学方法，也说明了方法论上的转变与法律实质观的转变之间具有怎样密切的联系。

话语实践是可以改变的，有时是有意的，但总是缓慢的。

63

实践之所以很难改变，是因为很大程度上我们就是话语和行动的实践总和。我们之所以能够改变自己的实践，是因为话语和行动的实践从未彻底地定义我们：我们身上余存的生产力与创造力，是话语和行动无法穷尽、无法降服的。我们通过它们所追求的目标，也绝不是我们唯一可能的目标。

如果我们推定存在某个更高的权威运用原则和政策或其他方法对法律进行了理性重构，就不能认为这一推定以需要清晰和连贯的法律思考为前提。我们必须为理性化实践争取更多的选择性和更大的社会价值。为此，最常援引的价值就是维护法治和权利体制的承诺。

理性化法律分析的四重根：
对权利体制的支持

法治和权利体制

论证理性化法律分析的正当性，最常见的理由在于认为权利体制或法治的完整性需要某种类似于法律方法的东西。在这种观点看来，以原则为基础、以政策为导向的法律学说对化解法律推理的专断（arbitrariness）而言是不可或缺的。在以法律限制权力的同时，它使人们能够牢牢把握自己的权利。人们可以在宽泛的范围内，理解法律的含义和实施方法。法官依职权必须加入的公共判断程序，公民也可依权利参与。更为重要的是，理性化法律论证所给出的结论因其理性特征而享有了一种具备普遍意义的、选择性的权力。

据说，类推方法因受制于语境而缺乏这样的权力；如果相关目的列表是开放的，并且推理方法是非积累性的，那么对任一类推比较或区别的批评都很难站住脚。因此，类推者能够得到几乎一切他想要的东西，即便受到了约束，这些约束与其说来自类推方法本身，不如说来自高度共享的习俗和文化背景。但是，抬高权利体制和法治的首要原因之一在于减轻多样性所造成的恐惧。如果我们身处因袭陈规的部落社会，被充分界定和普遍分享的理想与价值捆绑在一起，我们也就不需要或想要什么法治。法治属于那种无法对类推实践做出限制从而使其具有可预测性的历史情形。

如果类推不能限制专断，那么将法律推理视为社会中持续存在的意识形态冲突的替代物，这种意愿同样无法限制专断。如果法律分析不过是政治另一种方式的继续，那么在任意给定的条件下所进行的权利配置，都将服从于那些有权作出决定者的意识形态承诺。民主与权利一起衰落：民意代表无论选择创制何种法律，法律分析者都会在重新解释法律的伪装之下任意改造它们。作为类推的法律会陷入令人沮丧的无知，作为意识形态的法律则会因精神狂躁而抛弃责任，因此，正如其辩护者所称，理性化法律分析在二者之间把持住了至关重要的位置。

权利体制或作为其另一面的法治究竟是什么？当权利人始终受到一般规则的约束，法治就存在，即便这些规则是权利人自己制定出来的。受到约束，一定程度上意味着规则必须以公开理解的方式得到解释、适用和执行。就策略性利益而言，如果它与规则缺乏普遍且合理的联系，裁判理由就无法通过一个又一个的案件形成判断。法律解释具有说服力，只是因为从福利或权利的非人格化目标中获得了权重与意义。

法治盛行，人们就在权利体制中得享安全。他们知道，既定的法律与法律学说将会塑造他们应得的权利，随着时间的推移，法律规则和法律原则的解释性发展将受到语词的日常理解以及所有人都能把握的、作为法律理性特征的非人格化关注的影响。因此，没有民主，法治和权利体制也可以存在；没有权利体制，非自由的民主体制——多数人统治的民主——也可以存在。

理性化法律分析和权利体制

循此思路，法治和权利体制就需要理性化法律分析或类 65 似的分析，作为理解法律并通过正当适用来推动法律发展的公共方法。在法律作为目的性事业的"精细说理"实践中，首要的问题便是法律理解和法律适用的普适性。我们必须尊重法律创制与法律适用之间的区别。我们必须在对先例的尊重与判决之后以有序状态退出法律的需求之间维持平衡：法官、其他政府官员、律师以及普通民众都能理解并遵守的法律（包括法律的延伸部分），作为一种理性的规划，而非偶然事件和交易行为的无形集合。在这样一种规划中，处理方法的差异与治理目的有关，而治理目的被描述为政策和原则。

理性化法律分析宣称自己是对法律专断不可或缺的解毒剂。要评价这一主张，我们必须提出一些具有比较性质的问题。除了极端的、不切实际的演绎主义（deductivism），所有法律分析实践都会承认有必要在其运作中留有余地。除了极端的、不切实际的直觉主义（intuitionism），所有法律分析实践都会产生自由裁量的机会，而它们并不愿抓住这样的机会，害怕因此索取并强加一种非法的、不稳定的权力。事实证明，理性化法律分析生产出了种种专断，至少和它所熟悉的对手一样，在智识上和政治上令人不安。因此，它自称乃是法治和权利体制之所需的理由也就站不住脚了。

法律的两个系谱

暗含在法律的理性主义重构及其理性阐述方法中的法律秩序的展望性和回顾性系谱之间存在着对比关系，就让我们从这里开始。向前展望，法律产生于利益集团在各种意愿、想象、利益和立场之间长期的现实冲突。一旦法治以民主形式确立下来，这种多元性就会被赋予明确而积极的价值：它在根深蒂固的多元主义中使社会安排的集体选择成为可能，并且将社会冲突以组织化方式表达出来，以此激发多元主义的活力，而非将多元主义压缩为仅仅是定义民主的一种方法。如果民主只是去发现并接近一种为专家和哲人所熟悉的正当生活框架，或者它的利益和立场冲突只是停留在浅薄的、低价值的层面上，那么民主制度在民主社会中所能发挥的适当作用就会被削弱，民主选择的范围也将受到限制。

在法律的展望性系谱中，多元的利益、立场、意愿与想象所具有的塑造力并不拘限于民主社会。无需官方宣传，历史已经证明，它几乎适用于所有现实社会境况，仅在下述两种有限的——而且很大程度上是虚构的——情况中才会出现例外。

在第一种情况下，立法权专属一人，或专属于一个组织严密、形同一人的集团。但是对个体或集体的独裁者而言，掌握所有权力还不够；要想尽一切办法保持权力，以免权力在继任者手中遭到削减。于是，他们必须让社会服从他们的意愿，并防止社会在适用法律的过程中改变法律。为了运作这套机制，他们需要将奴隶主和卫兵当作中介。但是，这些下属因抱有个人目的从而也构成某种威胁。

另外一个例子是我们虚构的部落社会。社会成员在价值和认识上的高度一致扼杀了意志和想象的冲突。但是，在此状况下，习俗取代了国家立法；同样的活动也服务于法律的制定、再生产和适用。

在展望性系谱中，冲突是不可避免的。经此创制的法律必然混乱不堪，而在尊重多元性并将之制度化的民主社会中，这种混乱更是登峰造极。相互对立的利益和立场之间要形成不同程度的平衡并体现为各种妥协，在这些妥协中混乱的现象尤为明显。在类似问题上相互冲突的各种解决方案将会共存下去。这些方案的边界也会继续处于不确定状态。各种利益和理想此消彼长，不过是因为某些决定性冲突发生的时序不同，以及在每个时段上相互竞争的各方意见的相对影响不同。知识潮流将与强势利益携手，创造出无论利益还是潮流都无法令我们预知的结果。被击败的或被拒绝的解决方案将在法律的角落里不和谐地保留下去，成为既往进路的残余和可能性替代方案的预言。诸多例外抽空了那些原本被认为占据主导地位的方案。这些例外有潜力成为替代性的普适方案，但此时仍在休眠。对某些人来说，这是理性的沉睡；而对另外一些人来说，却是妥协的精神，是经验对理性的胜利。

但是，站在回顾性立场上看，法律作为理性化法律分析的表达，还须展示出另外一个面相。大部分法律——以及理解既有法律所必需的法律注释——必须被重述并重构为一项规划。这个规划必须服从原则和政策中普遍化、相对抽象化的话语表达，像柏克式的传统主义者或古罗马法学家那样反对抽象逻辑还不够，它应由独一的心智（独一的意志与独一的想象）加以构想。

修正权

依据这一主流法理学说，法律分析应具有修正法律的权力。法律分析者在完善、发展政策和原则的解释方案时，必须能够自由地拒绝某些已经为人所接受的却是错误的法律理解。修正权不仅仅是实践的有效条件，让既有法律适应环境变化，同时也是理性说服的必要条件。

每位法学专业的学生都有过这样的经历，例如按照要求去调和几个看似不一致的判决，这时总会得到一些似是而非的目的、论证和区别，可为各种素材提供一种有条不紊的理性。其中也总有一种方法比其他方法更加令人信服；可信度与说服力之间的刻度是滑动的。但是，依据这个刻度，我们在向后回顾的正当性论证中找不到明确的记号来区别什么是合法，什么又是越轨。

要为一切既定的法律理解寻找意义，法律分析就没有任何意义。说服是否有力，实践能否被接受，以修正权为条件。

从相关政策和原则到准理论概念

给定了一定程度的修正权，如何才能知道哪些法律理解存在哪些错误呢？我们必须认清这些理解中有哪部分无法适应不断发展的政策和原则框架。这些目的和政策反过来又碎片化地表达了有关全部法律和社会实践领域的更加全面的规定性概念。这些概念碎片必须具有准理论的特征。

可以肯定的是，除了学院派，没人能将相互关联的政策和原则充分表达为规定性概念，以之作为话语的理想限度或有限度的理想，而非实际成就。尽管这一转变尚未实现，但必须被预先设定。如果相互关联的政策和原则无法成为更加全面、更加准理论的概念，它们就与类推中的比较和区别相差无几。那些用于指责类推的主张，也将被用来攻击政策和原则。如果政策和原则不能像类推那样以语境为约束，它就必须将自己固定在规定性理论上。这种固定进一步凸显了展望性法律系谱与回顾性法律系谱的对比——法律作为相对无序的冲突产物与法律作为相对有序的理论表达。

准理论概念的作用是为政策和原则论证提供理想限度，这个认识强化了法律的两个系谱之间的对比。理性化法律分析及其支撑理论将法律和法律思想的演进描述为迈向由更全面、更具规定性的理论所构造的概念秩序。这些理论可能是市场理论、代议民主理论、个人在日常生活中互担责任的理论、家庭以及家庭内部人格发展的理论，等等。理性的声音虽会迟到，但必在历史上发声，重述并重整历史上的混乱状况。

不论修正权过多还是过少，都难以与专业法律推理自封的使命相协调。这将最终抹除法律解释与法律适用之间的差别。披着法律解释的外衣，法律分析家成为法律的真正作者，篡取了民主体制中的政府权力，破坏了享用权利的安全。在理性化法律分析中如何适度使用修正权，我们还看不清问题的答案，甚至还不清楚应该到哪里寻找能够指引我们设定这种尺度的观念和标准。我很快会回到这个问题上。目前，只要能够认识到理性化法律分析因其整体性需要严格限制修正权的运用，足矣。

两个法律系谱之间的分歧根深蒂固

为了让这些限制发挥作用，法律的展望性系谱与回顾性
系谱必定在很大程度上相互交叉，具体程度取决于我们看待修正权的恰当尺度。法律作为各种意志和想象、利益和理想之间相互冲突的产物而被展望性地制作出来，正如它作为相互关联的政策和原则的表达而被呈现出来。法律分析者无论如何都要通过行使法律分析的修正权来弥合两种系谱之间的鸿沟。比坦率承认修正权更加麻烦的是，在未经认可的情况下私自行使修正权，这会导致任意的、不正当的权力。然而，两个系谱之间的鸿沟如果过深，就此形成的压力就会完全掩盖某些修正权实践，将事实上的重构伪装成忠实的阐释。

两个系谱基于何种条件才能达成基本一致的结果？我们必须假定参与立法的各种力量并不像它们自以为的那样彼此

相异、相互对立。它们在实际行为上表现出潜在的共同意识或意识形态，或是难以讲清的各种实践指令，例如由制度所决定的对效率与增长的需求。将这些潜在的、有形的限定条件静态运用于不同的历史时间切片，这是不够的。它们必须提供一种进化逻辑，使法律随着时间的推移朝着某个计划的方向发展，我们可以在事后用发展的、前后一贯的理性概念去重新表述这个计划。这个计划从各种愚昧力量相互角逐的黑暗战场上走来，只有当那些意识模糊的建设者使计划中的各项要素全部就位之后，我们才能看清它的外貌。两个法律系谱能否交汇，有赖于我们是否相信内在演进的理性，无论是在实践上还是在道德上，它主导着法律的发展，并使得来自立法者的对立情绪变得微不足道。通过合法实现自己所担负的发展责任，法律分析就可以填补纰漏、去粗取精。但是，在更为宽泛的意义上，它扮演了黑格尔笔下密涅瓦的猫头鹰，在夜幕降临时张开双翼，揭露权力迄今尚未被人发现的存在理由。

　　两个系谱之间的比较不大适用于英美普通法这样的法官法体系。原因是法官法体系中宣誓立法的权力集中于一个相对独立且具有连续性的精英阶层。该阶层认为自己的使命是去满足人类联合或社会秩序对潜在规范的需要，而有意识的选择对这些规范的影响非常有限。这种观点持续为内在演化逻辑提供着前提条件。对有关社会生活基本条件的冲突和选择做出范围上的限定，由此调和了两个系谱之间的分歧。只有当我们认为法官法体系中的法官和司法裁判代表了竞争性的派系利益和观点，两个系谱之间的问题才会再度现身。

两套常规的法律语汇——视法律为妥协的利益集团多元主义和视法律为政策和原则的理念化语言中——都留下了两个系谱相比较的印记。两套语汇都无法确切描述自己主要从事的与法律相关的实践。但是它们之间的艰难共存却为法律的双重系谱提供了一个模糊的证明。

这些假设中存在着两个明显的问题，使我们有希望看到两个系谱间的实际重叠。首先，随着社会和历史思想的进步，这些假设本身越来越不可信了。其次，如果这些假设确实存在，就会对民主制度的意义造成损害，严重限制我们用民主方式加以控制的社会事务的范围。下面将予详细考察。

为可能的制度体系列出一个简表，或在制度发展序列上预见下一个进化阶段，毫无疑问，这在当代社会理论的论辩中根本没有立足之地。历史教训和实践经验共同击破了这些想法。确实，在经济学或以经济为导向的制度史的某些变体中，假定存在着不可分割的制度体系或制度阶段，而且总是与功能解释结合在一起。但是近百年来的社会历史研究的大方向却可以被视为对这种具有代表性的决定论的背离。我们的语汇之中仍然留存着这种决定论的遗迹，比如在对例如资本主义这类术语的使用中，或对革命政治和改良政治的对比中，甚至当我们努力将其从积极信念中清除出去的时候，这种决定论依然留下了它的遗迹。

　　我们可以继续相信功能优势有助于说明特定制度安排的相对成功（例如在技术进步与资源和劳动力流转上取得的成就）。但是，功能优势并不能从制度秩序的封闭列表或线性序列中被选择出来。它们只是使用了手头现成的制度和意识形态素材，而这些素材产生自现实和想象中的诸多松散联系。

　　此外，影响和优势的前摄结构也会干扰制度选择的标准：功能优势总是要遮蔽既有特权结构的弊端。因此，举例来说，我们并不认为18、19世纪欧洲盛行的私法体系是对市场社会的天然法律结构的发现，而是更加现实地视之为妥协的产物。这就调和了腐朽没落的欧洲封建国家所形成的阶级特权和经济机遇多元化、经济权利普遍化的现实优势。如果所谓的妥协在整体上摇摆不定，那么在所有具体形态中都是同样的变动不居。

　　前文已指出，19世纪法律科学旨在证明理性的权利体系是正当的，同时又以其自我颠覆的力量助力于推翻这个观念。当代社会历史研究若不能果断放弃进化论和功能主义决定论，或许是因为一种毫无根据但可以理解的恐惧，即害怕对决定论教条的彻底反思会造成因果不可知论。

　　确实，关于制度的同一性、不可分割性和有序性，以及演化受客观规律控制的信念，都是与功能解释结合在一起的。这种结合几乎耗尽了在法律的历史发展过程中展现出来的所有用以证明理性观念框架之正当性的可能方法。但是二者目前已成为法律—制度决定论中最复杂、最具影响的部分。任何解释只要无视社会变迁的路径依赖、无视某段具体历史中诸多片段之间联系的松散性、无视想象的发生和幻灭的非稳固作用，以及无视我们关于社会历史之现实性和可能性的思考沦为自负预言的趋势，那么这种解释就可以基于上述理由而遭到拒绝。

此外，进化论逻辑若是协调了法律的两个系谱，就不能仅 去解释依内在逻辑形成的制度体系，还要对朝向同个正当化秩序的趋同过程做出说明。对此予以抵制既是徒劳的，也是错误的。在此标准下，社会理论中的功能主义和进化决定论甚至也会遇到麻烦。它需要确保权力和权利的自动整合。它有赖于右翼黑格尔主义。事实上，右翼黑格尔主义正是隐藏在理性化法律分析背后的历史哲学，不能站在明处，很大程度上只能以无意识的方式发挥影响。

但是，假如法律的两个系谱能够很好地实现重叠解释，那么就会使民主政治主张陷入尴尬境地。出于对多元主义和异见的保护，以及对公私领域内压迫现象的反感和抵制，集体自治仍然是可能的。不过，自觉开放给集体（或个人）的社会生活范围将严重收缩。必须将民主首要地理解为选择社会生活各项条件的权力，而非在不知情、无合意的情况下通过种种强势力量隐秘施加的条件。如果民主制度使用多数原则和政

 72

党政治束缚了集体自决的范围，就会以个人自决为名，实际上满足轮流执政的欲望。一个隐蔽的理性计划以回顾的方式阐明了法律发展，却几乎完全掏空了个人和集体自决的力量。它将二者变成了一种无意识的工具，以此服膺于一个高高在上的神圣命运。理解有组织的集体性冲突和矛盾，其重要性还不如理解这一由法学家、经济学家、哲学家等专家所传达的理性命运。然而，无论命运是否理性，民主都是与命运相对立的。

在理性化法律分析的时代，当代法理学隐藏着两个肮脏的小秘密：对右翼黑格尔主义社会法律观的依赖和对民主的不满，亦即对历史胜利的崇拜和对群众行动的恐惧。右翼黑格尔主义在一种日常实践中寻找到了表达途径。这种实践强调历史狡计，从毫无希望的历史冲突和妥协中发展出一套理性秩序，从而实现高效配置，明确制度责任，树立起道德和政治权利的原则。它对民主的不满体现在当代法律文化的方方面面：法官和法学家的首要职责就是持续限制多数统治，而非限制少数统治者；反多数主义的实践和制度安排随之纷至沓来；反对一切制度改革，尤其是旨在提高大众政治参与水平的制度设计被视为对权利体制的威胁；把财产权等同于发表异议的权利；披着改进法律解释的外衣，从法官那里获得大众政治无法提供的利好；在国家重建这种充满魔力的宝贵时机，放弃制度重构；将高级法官及其选任视为民主政治中最为关键的环节；协商民主只有无限接近18世纪客厅谈话的风格，才被视为最可接受的民主理想；以及当再无更加精致的法律解决模式可资利用时，也会容许把政党政府作为法律发展的最后一个附加的渊源。对人民的恐惧和厌恶主导着这种法律文化的情绪。这些情绪并不限于当代各种保守的法律学说，在温和的和进步的法律思想中也留下了印记。

让我们以 20 世纪后半叶美国法律思想中最具特色、最具影响力的一部作品为例，即近来才正式出版的哈特（Henry Hart Jr.）和萨科斯（Sacks）关于法律程序的讨论。他们试图部分吸收法律现实主义对传统教义学方法的批评，并适应"新政"之后激增的各种立法形式，同时证明以政策为导向、以原则为基础的目的性分析方法是法律人的主要工具，从而恰好落在前文所谓当代法律意识的第二个理性化时刻当中。不过，这套法律程序理论认为：当其他立法形式无法运转时，民主议会立法就会成为法律创制的最后防线。我们发现自己就这样陡然急转到了中世纪末期法学理论的世界："君主之舵"（gubernaculum）现在由政府民主部门掌控，对一个全封闭的协作网络进行偶然的修正性干预，并耐心地复制到所有政府和社会裁判机构的管辖权（jurisdictio）当中去。

原本在民主社会处于边缘的这一法律渊源将占据主流。74 这使得理性化重构看上去更加可行。如果我们能将所有政治部门都隔离起来，把法律的个案式发展留给热衷精细说理的法律专家，就有希望看到法律随着时间的推移而展开"纯粹的自我运行"。限制民主，为右翼黑格尔主义自我实现的预言开启了通道。而政策和原则的崇拜者所探究的法律最终不过是在表达政策和原则论证必然得出的准理论的习常观念。

这项论证目前可以得出以下结论：我们缺少一座可靠的、正当的桥梁来沟通法律的两个系谱。有人希望借助法律分析当中关于修正权运作的合法性和约束性观念去弥补这一缺失。依此观点，站在法官的想象性立场上，法官或法律分析者所看到的法律与普通公民、历史学家以及社会科学家之所见就该有所区别。所有专业的法律分析都可以适当地运用修正权。自制地使用这一力量，足以填补法律作为政治与法律作为理性之间的沟壑。

再思修正权

回到前文尚未完全解决的问题。在确定法律分析中修正权的适当措施时，可以倚赖哪些观念？让我们考虑一下或许能够胜任的各个选项。我们可以说，法律文化中的职业传统决定了修正权的适当程度。即使可以授予法学家某些潜在权力对话语进行重构，我们仍然会发现该建议的事实假定是失败的。法学家通常很难就法律分析中修正权的适宜程度问题达成共识，在一个较大规模的社会中尤其如此。美国人关于司法能动和司法谦抑的辩论众所周知，其中最主要的问题就是修正权。

其他主要法律传统中也存在类似辩论，无论是罗马法和普通法，还是世俗法和宗教法，用词不同而已。无论是美国对司法能动的讨论，还是古代伊斯兰法中伊斯提哈桑（istihsan）和伊斯提斯拉赫（istislah）*的古老论争，都存在类似的忧虑。关于修正权范围的争论是普遍存在的，也是无法遏制的。因为它通过对方法的讨论，提出了一个最具争议的问题：谁可以对谁做什么？

关于修正标准渊源的第二个建议是提出一套规范性理论，尤其针对法官等职业法律分析者。如果权利体制是建立在政治民主制度当中的，该理论就会成为民主理论的一个变体。但是为了服务此目的，仅针对某些人就会引起争论，因而它必须考虑法律体系中所有法律部门的相应责任，由此才能使给定政体中制度传统、制度安排、制度理念的最佳意义获得最佳理解，而最佳理解意味着最有意义和最可辩护的意义。换言之，它与将政策和原则以及理想目标联系在一起的制度规则构成了一种关系，该关系必须等同于它与已确立的法律和被普遍接受的法律理解之间的关系。

---

* 伊斯提哈桑（istihsan），即"优选"。伊斯兰教逊尼派哈乃斐教法学派创始人、教义学家艾布·哈尼法（全名艾布·哈尼法·努尔曼·本·萨比特，Abu Hanifah，700~767）依据"类推"原理创立的辅助性立法原则，认为在审理案件时如无经、训和公议可循，出于平衡和公义考虑，教法官可不受类推的约束，而根据案情本身的是非曲直，作出合理的判决。优选只反映推理者的个人愿望。与之相对的，如系出于维护公共利益考虑，则称之为伊斯提斯拉赫公共利益原则（istislah）。——译者注

由此，我们又退回到两个系谱及其无法逾越的断裂上去。一个法律体系中，具有塑造作用的制度安排与其他法律部门一样，很大程度上也是相互斗争的意志和想象、相互冲突的理想和利益的妥协产物。在任何特定历史时期，看似已得确立的东西都来自一系列松散关联的冲突和矛盾及其暂时的、多少有些不公的妥协。即便这些妥协能够聚合成一个准理论概念，也无法令人信服，遑论合法。一旦接受了这些假设，我们就会发现它们意味着民主的挫败。

如果不再执着在法律分析的修正权标准上达成共识并形成理论化的解决办法，我们就可以获得第三个立场。站在这个不可知论的立场上，不会因为要对法律分析一类的集体性话语实践进行判断而止步不前。这样的实践要比理论更深刻，比共识更有意义。我们认为，法律推理中修正权的适宜程度正是由法律推理本身决定的。我们必须善意地运用政策和原则的目的性方法，谨慎控制修正量，以便维持立法和司法之间的差别，正如维持政党政治中意识形态和利益的公开冲突与法官造法的合理创造之间的差别。

76　　　是什么使我们对此保持希望? 找到问题的答案，需要我们相信它能说明法律的两种系谱如何最终达成了真正的一致。两个系谱之间的隔阂仍然深刻，以至于法律分析把被人们接受的法律理解当作错误而排斥的实际程度，要么因为过严而无法将法律从类比的政治的无序中解放出来，要么因为太广而无法保持法律与政治之间的界线。因而，最后，对于法律分析之修正权的讨论，并不在于缓解以展望性的方式创制的法律与以反思的方式表达和重构的法律之间的差别，而是重申了二者的差别。

当代法律理论的论理结构

现在就更加容易理解当代主要法律思想流派反复展现出的论理结构了。切记住，所有这些学派都认为，讨论政策和原则需要以一系列规定性的（prescriptive）准理论概念为基础，同时也都拒绝将法律推理所援用的指导性目的视为要去形成或排除类推比较的理由。此外，它们都优先考虑了符合自己偏好概念的语汇，比如道德与政治权利理论、分配效率目标，以及限定当事人主体资格的程序法标准。每个学派都认为，法律分析者将政策和原则的概念素材糅合进那些以合法化操作加以完善的法律，同时也要在既定法律中发现那些静待彰显的概念素材。每个学派都在这样两条线路中间摇摆：要么将法律理想化到不可思议的程度，借此掩盖法律人对权力的篡夺；要么就责任感过度膨胀，为完善法律行使修正权，拒绝那些被公认为错误的法律理解，从而公开篡夺权力。对所有学派而言，法律的两个系谱相互交叠的问题仍旧十分关键：需要很大程度的交叠，才能同时对法律的发展和理想化做出限制。

然而，没人能提供有说服力的，甚至只是明确的理由来假定存在相当程度的重叠；或是说明如果存在，怎样才不会给民主主张制造麻烦。因此，所有法学流派都浸淫着右翼黑格尔主义的精神，暗示着法律发展中存在着一种内在的、权威的合理

性。每个学派都很难与将民主政治作为主要法律渊源（而非次要的或最终的渊源）的观念相协调。

有观点认为，法律发展的历史不时被集体热情和制度革新的插曲打断，例如美国内战后的重建和新政，从而缓和了与民主制度之间的不适，但并未完全消除不适。依此观点，常规的法律分析在方法和立场上，仍然与给予它创造性的时刻相隔遥远。不过，相比传统法律思想，这种区别法律发展不同时期的做法吸收了更多的民主成分，恰恰是因为它未对右翼黑格尔主义做出太多让步。集体重建的时刻会出人意料地打断法律演化的进程，引进了未曾尝试的观念，凸显出那些被压制的焦虑。

专断解毒剂的专断性

现在，我们有办法去发现并解释理性化法律分析所特有的重叠和补充的专断形式了。这一专断体现为对政策和原则语汇以及一整套规定性准理论概念的排他选择。如果在历史上把功能优势和目的论力量等同起来本身就不可避免地存在

争议，那么一旦基于目的论做出的选择成为使用国家强制力的理由，这种争议就会令人颇感不安。

对既定法律和法律理解的有序合理性进行引申，就会产生一种专断：可以用许多方式、以多种可行的方式来进行引申，这取决于讨论政策和原则时所偏好的语汇。每一次引申都是为了回应某些未得认可且无法解释的权力实践。

专断也可能来自对法律或多或少的改善，也就是说，或多或少的修正权。而我们不仅无法在界定修正权的尺度问题上达成一致，也缺乏一套可以为寻找此种标准而提供正当性支持的观念。

专断也会来自一种冲动，轻率地选择任一我们恰好偏爱的政策和原则所关联的准理论概念，以特别的方式修补这些概念，以便更好地限制它们与既定法律和法律理解的明显冲突。

这些专断在形式上相互关联，造成了累积效应。比起内在 于受语境约束、目的开放的类推的不确定性，这种影响究竟更好还是更坏？我们没有一个公允的标准进行比较评判，但可以确定的是，理性化法律分析中引入误解、不受约束的专断，比之决疑术（casuistry）的无序，含义更加隐晦，野心更加蓬勃。

含义隐晦是因为在实际决策的背景下，它承担着淡化矛盾的巨大压力，从而在每件事上都要经过深思熟虑才能使用玄奥的概念。而压力之所以巨大，是因为这一做法的全部关键在于要始终坚持法律分析是一种受到严格限制和引导的理性思考的实践。类推主义者毫不隐瞒自己的非确定性，将之作为本职工作的内容展示出来。理性化法律分析则必须否认专断是它的内在属性，因为专断会直接带来法律的两个系谱及其隔阂的去道德化难题。

政策和原则方法对专断的态度不像类推对非确定性的态度那样坦率，而是更加野心勃勃。不仅要提供对法律的恰切描述，还要通过某些手段使法律更加完善。此外，它也从大众民主的退却中夺取了更多领地。

因此，将理性化法律分析解释为法治或权利体制的内在要求，或是将该要求作为其正当化的理由，显然是失败之举。法律教义的经典样式不能被理解为清晰、恰切地思考法律的必然后果。我们也不能将之解释或判定为专断的解毒剂，从而实现对法治和权利体制的保护。它需要更有针对性的目的。

理性化法律分析的四重根：
悲观主义渐进改良论

保守改良主义

保守改良主义是一系列利用理性化法律分析的政治规划，并从这种分析中汲取力量与意义。即便不再把对法律思维方法的普适化和理性化理解为法治的内在要求，我们仍然可以将其理解为一种必备的工具，通过改善法律效果来减少社会恶行。保守改良主义的显著特征就在于坚持制度保守主义，同时也对纲领性目标做出了承诺。

保守改良主义的纲领性目标是那些老生常谈的意识形态承诺，定义了当代政治法律论辩中的主要立场。它们可以用这些政治派别或潜在政治派别的语汇表达出来：经济竞争和个人自主，对经济增长收益和政治文化发声权进行更广泛也更平等的分配，社会团契和发展在社团生活（associational life）

中得到进一步完善。或者，它们也可以表达为由法律人传递到实体法当中的社会政策和社会理想：例如在立法决定政府利益分配时，确立反压迫、反歧视的标准，或者当管理者自身利益与缺席的委托人、利益相关者的责任存在冲突时，预先设定信托责任。这些理想承诺在政党政治表达和法律表达之间缺乏一条稳固的界线，而且各种理想之间的区别也是模糊的、易变的。因而，所有这一切都关乎物质进步条件与个人解放条件的重叠区域。

在保守改良主义看来，这些理想以及将之与各种派系利益相联系的方式，都应在既有制度中得到界定和执行，特别是既有的代议制民主、市场经济和自由市民社会的制度形式。制度调整是偶然的、局部的，不应视之为累积性结构变迁的开端，只能看作是对环境变化的适应，或是对规制性市场经济标准形式的回归。制度秩序的修补与变革，二者之间的区别似乎是相对的，事实上也确乎如此。但是本节的论证支持了以下论点：这关系到是将想象性的和实践性的力量主要用在对既有制度最大限度的利用上，还是用在推广和拓展实验主义的结构性修补上。这关系到民主政治的未来，从而也关系到自由与繁荣的希望。

保守改良主义的所有版本都代表着当代政治中标准的纲领性立场，也都因一种独特的内在不稳定性而受损。每种立场皆有相互斗争的两面，一面是关键性的理想承诺，另一面是制度保守主义。固守既有制度结构，就会放弃许多公开宣示的理想。例如，我们承诺扩大经济竞争、下解经济权力，但既有产权体制却阻止经济力量进一步分化，即便分化并不会损害经济效率，那么我们就会放弃既有体制下可能的权力下解，仅仅有选择地防止最为明显的权力垄断。因此，我们只能另觅他途以增加产出，比如寄望以"滴灌"（trickle down）的方式将利润分配给劳动的多数国民。

相反，我们也可以激进地实现承诺，逾越既有制度化解决方案的边界。在上述例子中，逾越意味着寻找产权体制的连续变化，从而有可能将经济权力下解推向更高水平，而不牺牲经济规模和经济效率。通过这种思路，零散的产权主张将在某些方面得到积累，又在其他方面得到整合。通过修补产权的固有制度形式可以实现承诺，而我们也就会很快发现现实的或想象的制度变迁将推动我们重新界定承诺。

就经济民主及其与政治民主的关系而言，我们的观念发生了变化。左右对立开始消融，因为自由市场和消极政府的保守纲领而今变得激进。分解传统财产权利，并将分解开来的产权赋予不同的权利人，反过来会促进并要求企业之间形成合作性的竞争关系，同时要求企业与政府之间形成去中心化的合作伙伴关系。

当代典型的政治法律论争根本无法在保守和激进之间做出明确的选择。但是，理想纲领与制度假设的冲突无可避免，视而不见也不等于客观中立。这就相当于在反复修辞的伪装下对理想纲领进行实际贬损。后文将讨论作为改良主义政治的理性化法律分析，从多个方面揭示内在不稳定性问题如何最终占据了法律人的工作重心，而其独特的非终局（nonresolution）性质又如何基于政策和原则对法律理想进行了有效克减。

悲观主义渐进改良论

社会—民主妥协和法律分析的理性重建实践是保守改良主义的两个最重要例证，共同将当代政治的理想承诺与制度保守主义黏合在一起。二者经由以下主题和假设相互联结起来：理性化法律分析中大多数最具抱负的政治和智识任务在于发展出这样一些范畴和学说，去协调社会—民主妥协中规制性的、再分配的法律与既有法律教义。这种深厚的联系有助于解释我们将"悲观主义渐进改良论"作为其标志的保守改良主义为什么具有非凡的威力。

悲观改良论是一种承诺，将社会中最羸弱、最贫困的群体——那些在立法的政治斗争中最有可能迷失方向的人——视为法律回顾性理性重构的主要受益者。通过把法律描述为有关普遍价值、政治权利等非人格化概念的相关政策和原则表达，法学家获得了驯化强者、保护弱者的权力，虽有限但有意义，可以把权利和资源重新分配给那些最需要的人。之所以能够如此，部分是从对既有法律素材的法律理解中发现门径，部分是在法律修订和完善中发挥自己的恰当作用。

有一种观念可以避免法学家的使命沾染家父主义和宗派主义（将弱者视为被监护人）的色彩，尽管它很少得到明确表达，却在法律思想的自我形象和行动纲领的形成过程中产生了很大影响。此中要义在于：生活在发达工业民主国家中的普通公民——并不限于"孑然独立的少数群体"——感到自己变成了愤怒的局外人，对统治者、他的上司或是对两者都感到愤怒，但又无力改变自身所受的种种约束。大众意识和政治 文化的研究者已经观察到：认为国家和大企业共同经营起一场骗局，维护精英阶层的掠夺性利益，持这种观念的人越来越多。此外人们还认为，通过牺牲广大劳动阶层的利益，精英阶层将利益分配给次级阶层或社会边缘群体，以此保护了社会安全。两个观念一旦相互结合，就会产生出人意料的变化。

在这种情况下，悲观改良论在法律上的任务就呈现出强烈而集中的意义。它可以被看作一个例证，甚至是最好的例证，说明精英阶层以普通劳动者为代价，与社会边缘群体形成了潜在的合作关系。但它也可以成为一种工具，有助于减轻自谋私利的精英阶层对实体法和法律实施的影响。在这个意义上，法学家就要去管照每个人。而发生角色反转的条件却在于大众民主谎言的破灭。因此，每个人都成了孱弱的局外人，可能会被真正的法律制定者永远抛弃。而理性化法律分析则是他们的朋友。

理性化法律分析作为社会逆势疗法

本节要论证的核心命题是：工业民主制度试图安抚弱势者和被排斥者，却因其方法和视角的局限而无法揭示出社会制度安排中恶的来源，理性化法律分析对此以其智识和政治上的最大抱负成了种种制度沉疴的逆势疗法（aversive therapy）。将政策和原则的法理学理解为某种改革工具，这一做法是有意义的。然而，这项计划对法律和政治之关系的研究反倒同时动摇了对法律和政治的信赖。事实证明，非逆势疗法（nonaversive therapy）不能使法律分析理性化，也不能让法官做自己的首席代理人。法律分析需要被重塑为一种制度想象，以民主制度下的全体公民为对话者，主要任务在于昭示民主制度中现状和别样未来的集体对话，不断扩大可能性，从而深化现实性。

83　　悲观改良论在法律上的成就以美国为最。美国宪法将自身的神圣性延伸到了制度秩序的其他组成部分，美国日常政治话语的反纲领、反动员属性，将一切政治问题转化成法律问题的著名惯习，以及律师作为政治经济精英阶层的协调人而非属于精英阶层的某个特殊分支，所有这些因素共同使得保守改良主义似乎非常合理地转化成为法律话语。持进步立场的法律人如果对大众政治的可能性感到绝望或担忧其危险，并发现政府中的政治部门也关闭了大门，此时就会特别倾向于将由司法而政治（politics through judges）看作由政治而政治（politics through politics）的天然替代品。之后他们又会经常感到失望，正如未能从失望中吸取教训同样"经常"。

以实质性平等保护为例：理性的失调

在美国法律和法律思想的晚近发展中，悲观改良论的最佳范例就是宪法中实质性平等保护原则和反歧视法中相关规则、学说、范畴及理想的发展。探究这种法律努力对社会想象特别是对社会改革的限制，不仅清楚地显示出它是一种悲观改良论，也揭示出其所属的种种政治规划的更大共性。只要在这个方向上努力前进，我们就会到达作为制度想象的法律分析的界限。而这批判本身就锻造了许多更加忠于实验主义和民主的法律推理实践所需要的工具。

简要讨论平等保护原则中的不协调之后，我将继续讨论为什么要对这一理论及其他类似的理论力量保持怀疑，借此帮助那些最需要帮助的人们。作为社会改良的理性化法律分析——在两种对立的政治经济学中——如何因自身视角和方法的局限而导致其所追求的目标仅仅与造成集体焦虑和群体劣势的真正来源间接相关，我将通过分析这个问题来深化讨论。随后进一步探求此种法律话语在实际缺陷和想象缺陷之间的关联。作为社会改良的理性化法律分析，运作具有选择性，有时甚至是偏执的。这与它对社会现实性和可能性的短浅眼光密切相关。

84　　与洛克纳司法风格时期的正当程序条款一样，美国宪法中的平等保护条款服务于同一目标，已经成为雄心勃勃的改良主义者实现法律理性化的最佳载体。然而到 20 世纪末期，平等保护原则在作用范围和运作形式上都已经使得相关理论的概念连续性超过了它所能承受的限度，由此造成了明显的冲突，冲突的一方是要求做出可行妥协的压力，或要求法律理论附和已达成的政治妥协，另一方是要求将关于法律的一般性叙述作为政治理论加以解释的反向冲动。

　　平等保护理论在 20 世纪试图呈现出法律教义上的实际差别，同时又与对激励理想以及这些理想和社会实践之关系的准理论解释保持着联系，我们应该如何来描述这个过程呢？为简化讨论，我们将问题聚焦在实质性平等保护理论的一半内容上，即可疑分类，对由此造成的法律区别对待进行高强度审查。种族就是一种可疑分类的典型范例，触发了最高强度的审查。性别和年龄也在其中，形成了一种相对较低的"中等程度"审查。身体缺陷和性取向最近也进入了清单，目前尚未确定审查方式。平等保护学说的另一半内容可以对此做出补充，即根据某种分类所侵犯私人利益的相对基本特征及其所要实现政府目标的相对强制特征，来评价该分类做出的区别等待。由于许多有关法律内容的冲突都表现为对人们进行区别对待的斗争，平等保护原则就在整个法律观念体系中占据了一个非常特殊的位置。这不仅是法律的某一个主题，而是法律本身的问题，正如财产权不仅是某一项具体权利，而是权利的典范。

要想正确评价实质性平等保护理论的爆发力，以及对其扩张所做限制的复杂特征，就得考察它是如何适用于教育领域中至关重要的公民塑造与阶级生成问题。美国公私学校分立是该制度的一部分，允许美国大部分职业化商业阶层将子女送去更好的私立学校而不必选择公立学校。美国教会学校随着教会阶层衰弱而萎缩，这强化了公立学校和精英化私立学校的分立。公共教育的民主性与地方控制相结合更加剧了教育的阶级对立：首先因为学校依赖地方财政；其次因为家庭和社区共同加强了对学校的控制。学校在民主制度中的首要任务本应是将孩子从家庭、阶层、国家和时代中解放出来，通过让其吸取异质经验来获得自主思考的能力。未来的公民必须是一位小先知。而教育机会和经济优势的世袭制却相互融合，共同制造出一个阶级社会。阶级社会与来自社区、家庭控制的合谋，要去阻碍、压制小先知的成长。

或许我们可以推断：要推翻等级制度并瓦解这种合谋，就必须完全禁绝在国家的某些重要领域内设立私立学校。（要使公立学校在国家其他更为广泛的领域内完成变革，必须依照废除种族隔离运动的模式，通过相邻领域间的运动，打破社会隔离。这一思路看似激进，但比彻底解散私立学校更加切合实际。）职业化商业阶层必须把孩子送去公立学校，而且是接受废除社会隔离计划的公立学校。由此可能在两方面取得成功：他们作为国家最有影响力的组成部分，将是公立学校改革的最大受益者，同时由于他们的存在，教室成为孕育希望的场所。

尽管这种变革将会产生深远的影响，并且在当今美国简直不可想象，但是通过简单对比美国 20 世纪历史上通过法律实现社会变革的最著名事例，就可以构建起有利的论点，即布朗案判决引发的学校种族隔离废除运动。废除社会隔离，续接了对种族隔离的废除。"隔离但平等"的主张在某个领域内受到批判，就会在相邻领域中遭到拒绝。这一从种族到阶级的废除隔离运动或许首先将发生在与民主社会文化要求联系最为紧密的区域。

就此需要重新阐释国家行为理论，和宪法第一修正案中的言论自由一样，这套理论是 19 世纪前政治的、自然的权利观念体系最为卓著的遗产。在所有"私人"的活动中，教育作为由父母承担法律责任的领域，往往被理解为是受"公共功能影响"的。反之，要超越宪法第一修正案的限制，要求我们丰富对民主制度中自由文化生活的内容和条件的理解。正如可以要求政府出于真正实现言论自由的典型现代野心而分割并重新分配大众传播手段的渠道那样，我们也可能会看到，在教育中消除社会隔离是文化全面解放和公民身份有效形成的必要手段。

这些法律教义上的障碍虽然难以克服，但并不会比实质性平等保护原则付诸实践时所遇到的无数对抗和拒斥更令人畏惧。真正的限制在于意识形态和政治权力的平衡。通过国别之间的简单对比，我们就可以发现这个制度的影响比起初更具地方性和也更具可修改性。就是在这个无法想象美国禁绝私立学校的时期，英国人却在热烈地进行相关讨论。纵览政治和法律的历史，无法想象和习以为常之间往往只是一步之遥。

这点很简单。如果实质性平等保护等法律理论形式可以想象和解决诸如种族隔离、社会隔离这样的问题，那么探索法律想象的不同形式与社会改革的不同实践之间的隐蔽关系就非常重要。然而，在做出了这样的探究之后，理性化法律分析却熄灭了灯火。

让我们来考虑一下究竟有些办法最有可能为平等保护提供解释，既有详细的规则又有连贯的理论。最为简单也最为全面的说法将可疑分类的主要问题界定为某些需要得到国家扶助的社会弱势群体，人们无法凭借常规的经济和政治能动性逃脱这些不利条件的限制。依此观点，平等保护就成了当今法律用以确保权利有效享用的最主要工具：实现所有权利，而非某一项权利。通过消除工作、企业和教育的自我利益实现中政府参与制造的障碍，它可以概括当代法律最具特色的关注

87 点。它将是一个反对屈从的理论，不只是个别权利得以实现的有效工具，它也涉及能否具备基本条件去利用政治经济能力的核心关系，而这些核心关系对有效的政治和经济行动至关重要。

作为一种可以真正将平等保护与当代法律精神联系起来的理论，这个解释富有吸引力，然而在两个重要组成部分中都存在缺陷。弱势群体据以得到国家扶助的条件，也即国家行为的起点，代表了早期法律社会观念在当今法律思想中的最引人注目的余光。它假定我们能够为弱势群体确切地指出哪些出于政治原因，哪些又是自然社会力量的前政治演进结果。实际上，我们无力划分社会世界，而这正是法律分析百年来的主要说教。政治——包括国家权力的政治——直接或间接地影响了所有社会制度安排。如果自由经济确实可以在契约和财产权的特定体系中自然地表达自身，国家行为理论的逻辑前提就会更为可信。因此，即便政治可以担负起维护自由市场体系的责任，也无法为该体系所具有的独特法律制度形式负责。但是，这种信念是错误的。

以社会历史研究中的反必然论（antinecessitarian）为背景，将细致的比较研究和规划论证相互融合起来，会使我们认

识到市场经济实际或已经采取的不同法律制度形式。现实变化暗示着更多的可能变化，激起了人们进入更广阔领域的研究兴趣。拒绝将现有私法规则和制度安排作为中立基线，用以判断政府规制和再分配的合法性，这种想法在很久以前就开始向法律和法律思想渗透。从而，因是否接受国家行为理论而产生的冲突就成了法律的内在冲突，不再只是法律和社会理论之间的冲突。

实质性平等保护理论的另一半内容是要识别那些人们自认无力逃脱的权利挫败的不利条件，而它之所以失败是因为该学说确立的区别对待既包容性过强（overinclusive）又包容性不足（underinclusive）。包容性过强，是由于平等保护对某些情况保持沉默，其中最显著的社会下层阶级，特别是但并不完全是失业和不稳定就业的非熟练工的下层阶级。历史和现实都表明，经济和教育优势的世袭产生了压倒性的影响，同样也强调了经济、教育资源的持续性大规模代际移转在美国只发生在蓝领和白领两个工人阶层之间。蓝领工人子女变成白领工人，但一样的既无财产也无权力。只有在非常偶然的情况下，仅在国家层面上并涉及某些政府利益和负债的直接分配时，平等保护原则才会承认阶级或贫困是一个可疑分类。

即便包容性过强，但与公认的可疑分类列表中的社会差异相比，这一理论也显得包容性不足。下文将对平等保护中的因果关系理论提出批评，指出职业化商业阶层中的黑人和女

88

性群体可能过度享受了这种宪法理论和相关反歧视法律所带来的实际利益。但是作为个人，他/她们总是远离那些不可逃脱的不利境遇。事实上，他/她们有时可以成功地利用平等保护原则，对白人男性取得竞争优势，同时也使自己与受压迫的、被边缘化的黑人和女性保持距离，而且在法律的聚光灯下扮演了后者的代表。

现在让我们来考察第二项提议，即主张将实质性平等保护原则中的实质差别与连贯的政治观念联系起来。可疑分类的选择性标准是基于歧视剥夺个人机遇的政府合谋。在此项提议中，歧视是指对某些生理特征的嫌恶，或毫无根据地认为这些特征会对个人能力产生消极影响。种族、性别、年龄、生理缺陷都会落入到这个范围当中。而阶级地位则被排除在外，这正符合该理论的固有教义。

正如前文批评的那个更有雄心的方案那样，反对这一提议是因为它有赖于政府合谋中不堪一击的限制性标准。此外，它赋予身体残障者以特权，所凭借的权威却来自对社会秩序的错误信念。根据这一信念，歧视残障者构成了自由社会的独特危险，尤其当歧视获得了法律支持时就更是如此。依法设立并得以完善的社会制度结构决不会成为有效享用权利的不可克服的障碍，除非在运作中受到了恶灵的歪曲：非理性的敌意和盲目的迷信。一旦你相信不利条件与边缘化的根源在于实践与制度；相信自由的经济、社会、政治能够采用截然不同的制度形式；相信这些形式在产生或修正不利条件的程度上相差极大。那么，这一赋予并迷信特权的方案就没有太大说服力了。

这种强调的诸多后果之一就是给弱势者和失望者提供了一个无可抗拒的埋由，将基因所决定的命运重新描述为可能进行实质选择的生活方式。这里可以思考美国的同性恋政策。将同性恋置于平等保护原则的庇护之下，是迫于"遗传决定性取向"的观念。性取向确实受到遗传的重要影响，但正如我们许多其他道德经验一样，它可能是遗传、社会影响和累积选择的共同结果。将之表述为一种基于选择的命运而非基于盲从的宿命，或许更加符合人类尊严。然而，无论贴近现实还是符合尊严，这种表述都可能跳出平等保护原则的既定范围。

即便可以保证，赋予残障者以特权的经验假设是正当的，但在可疑分类中仍然存在不正当的选择性。肥胖的、丑陋的、愚笨的（通过智商测试来确定）人在实质性平等保护的利诱下，都会以经济和教育机会上的弱势为由，又因为政府直接或间接参与了歧视性准入和雇佣制度的共谋，对法律赋予的特权展开竞争。有人质疑他们并未形成一个特殊群体，他们回应说这些群体和"残障人士""同志"一样特殊。事实很简单：这些群体无法得到实质性平等保护的庇佑，原因不是逻辑方面的，而是因为他们从未在政治文化领域发起过生存斗争和组织化运动。

这一观察表明，对实质性平等保护原则还有第三种解释，更切合实际也不那样夸张，同时更加紧密地追踪了这套理论

的起源和演进。依据这个解释，实质性平等保护和反歧视法首先应被理解为是在回应奴隶制、内战和战后重建所造成的特殊问题。这就不仅仅是得到明确界定的问题种类当中的一个分支问题了。它对美利坚合众国的统一性和连续性构成了威胁，对社会的和平和公正构成了威胁。作为群体主义政治，它在美国不断推动着社会发展需求和文化认同需求的相互结合，首先是文化少数族裔，然后是非种族群体，都在可疑分类中赢得了相应位置。这一进程不仅顺应了自然演进的逻辑，也属于美国公民社会的抗争历史。

除了没能满足理性化法律分析对规定性准理论概念的要求，实质性平等保护的第三条进路没有什么问题。那么我们为什么不抑制这个要求，而是去抑制这种方法呢？可疑分类清单所罗列的主要内容都来自重大的历史危机和公民社会的兴起。美国人民将这些内容罗列到清单中，就是忠诚于自己的渴望和焦虑、冲突和争议。

这样的说明不仅是一种解释，它还具有规范性的力量，正如一个民族争取民主的浪漫历史可以产生某种政治权威。然而，在任何给定的时间内，它并没有给可疑分类的内容提出理性的解释，只是归结为历史变迁所体现的路径依赖。可疑分类的清单到底有多长，取决于那些想要拉长清单的规范性力量

能有多强，能够发挥怎样的影响。而且，这种限缩的方法拒绝将历史经验描述成离散又连贯的准理论概念的呈现形式，例如通过采取教育促进、经济能动和政治行为等方法，禁止政府合谋导致所有那些人们无法逃脱的集体弱势。例如承诺禁止政府参与一切可能造成不利状况的共谋，而人们无法通过现成的教育进步、经济能动和政治行为等手段摆脱这些不利状况。出于这些原因，它并未按照政策和原则的要求完成法律推理。它过于现实而不能坚持理性，并且对理性在历史中的运作视而不见。

对平等保护原则的不同解释进路予以批判，揭示出了内在的理性失调问题。这是理性化法律分析本身理性失调的典型例证。前文在检审法律分析用以描述法治和权利体制的这一标准方案时，就发现了同样的失序。这里再次呈现出理性失调，目的是要提醒最需要帮助的人不要过分信任平等保护理论及准理论的实际功用。后文将讨论并发展这种因果怀疑论的依据。

为此，我们就不必信赖平等保护的字面意思，它想要矫正的恶行和想要扶助的阶层都不过源于自言自语。毕竟，它的用词并不明确，并且在相对明确的范围内也埋伏了种种可疑的事实假定。我们可以认为，实质性平等保护的第三种解释是最符合历史、最谨慎的，从而也最能说明问题。基于这种解释，就可以追问：悲观改良论在法律上最深刻的这些例子，究竟在多大程度上，可以帮助我们实现机会和言论平等、边缘群体与受压迫者的保护和联合等模糊但强劲的目标。这些目标都应是渐进改良论的核心议程，无论它悲观与否。

以实质性平等保护为例：功效的失败

对作为悲观改良论的实质性平等保护进行因果关系批判，我们可以从一个相对熟悉的推断出发：它对最需要帮助的目标群体帮助最少。根据这个假设，那些最不需要帮助的人获得了不成比例的收益。因此，与劳动阶层的黑人或女性相比，职业化商业阶层的黑人或女性更容易得利。在职业生涯中连续不断地获得晋升，进入核心教育机构或生产组织与并发挥决定性作用，这些明显属于职业化商业阶层，而与劳动阶层无关。这种专门化的经验强化了职业商业阶层运用法律和言论资源捍卫其利益的卓越能力。

该原则甚至更有可能使白领和蓝领工人阶层比其他下级劳动阶层获得更多的利益，特别是在工人阶层成立了工会或以其他方式组织起来的情况下。下级劳动阶层缺乏组织，雇佣关系很不稳定，从事着无需技术、没有前途的临时工作，最难依凭反歧视法律和言论工具来保护自身利益。而且，它几乎完全脱离了平等保护原则的方案：既无表达也无地位；身体和经济极度不安全；工作朝夕不保，艰难为生，缺乏家庭安全感。

因此，这个阶层在很大程度上无法以反种族歧视、反性别歧视的形式得到帮助。

如果我们超越需求与扶助的失衡，并探究这种失衡如何动态地影响到种族、性别和阶级相互扭结的现实，就会进一步理解下级劳动阶层的怨痛。实质性平等保护和相关反歧视法成为群体政治（groupism）的表达和手段。上述种种特征共同定义了这些政治的特殊品质。首先，对经济和弱势群体保护的要求以及承认的要求（因而也就是对政治文化言论的要求）相互结合。其次，群体政治混淆了劳动阶层中的多数和被压迫的少数之间的关系。前者虽然还会在经济和教育上分化出多个层级，但是在面对经济风险和动荡时是同样不堪一击的。当然，它并不会因政府合谋造成的歧视和剥削形式而被剥夺基本生存能力。相比之下，女性和被压迫的少数却会由于国家支持或容忍的经济压榨和文化窒声而遭受彻底的损害。

再次，对各群体不止按照经济和制度进行划分，将重点放在人种、民族、宗教、性别、性取向（目前为止被认为是天生的）以及身体缺陷上。这些群体的共同点是什么？我们可以用到社会学上的标签"先赋群体"（ascriptive group），并且是那类具有身体特征的先赋群体。然而，这个标签错失了最重要的一点。在群体政治中占据中心地位的那些群体，可以被理解为在超越现实和政治制度建构之外的力量中获得了自身的实现与个性。尽管它们可能是政治和制度的牺牲品，却又不仅仅是政治和制度的产物。

发现群体政治中这个反复出现的因素，先得理解为什么"阶层"不可能在种族、性别以及身体缺陷之外成为下一个"可疑分类"。因为阶层是直接由政治和制度产生的社会现实，要取消阶层差异，就要变革社会经济政治结构，仅将被排斥者和受迫害者纳入既定结构是根本不够的。

93 　在这样一个想象性的世界里，前政治边缘群体的精英分子将会以其所代表的群体名义要求更加平等地融入既定结构。这种同化的冲动可能会与分离主义的危险交替出现：从更大的社会退出，进入一个独立的社会世界。因此，美国黑人领袖不时声称要放弃平等融入美国社会的理想，主张另立一个独立的非裔国家。然而，即便这种意图再真诚、再热情，分离主义还是缺乏现实可能性。在实践中，它变成了真实事物的陪衬，现实的对立面。

作为群体政治及其法律表达（实质性平等保护和反歧视法）的主要受益者，边缘群体的精英们很容易被引诱并笼络到当前社会秩序的精英制度当中去，虚伪地代表着已被他们抛弃的普通成员。减少国家生活中的歧视，会收获一些东西，同时也会丢掉某些东西。最终，所有弱势群体都会发现自己被剥夺了自然的领导权，而领导权被夹在甜言蜜语的讨好和虚假代表的伪装之间。

群体政治及其在平等保护理论中的法律对应物，夸大了社会经验中种种压迫和沉默的差异，低估了彼此间的相似。它们在相关的制度、制度化实践和既有信念中发现了种种恶行，却没能从中找到这些恶行的共同根源。种族和性别的差异真实存在，但只是相对的。对尊重和表达的否定一旦交织了经济和教育上的排斥，才是它们应当关注的最大恶行。当这些现实结合在一起，它们是一回事；当与这些现实脱离时，它们又是另一回事。要想解决这些问题，就必须认出它们的共同性质和共同根源。我们必须重建经济制度，以缓和劳动力的等级分化。我们必须重建政治和社会制度，有利于公民社会的自我组织和公民的政治动员，也有助于快速化解各政府部门之间的僵局。

为此需要尽力完善我们对经济和法律的理解，使我们能够看到既有制度的偶然性及其制约力量。之后，群体政治在既有制度的融入和分离间的徒劳转圜，必须让路给追求重新想象和重新构造社会结构的政治。这一政治的准则是：边缘化群体在争取积极的、有益的生活中的每一次进步，社会制度安排都必须予以回应。

从确认共性的失败和相应损害的原因中，我们找到了群体政治的第四个特征：群体政治的权利意识饱含道德义愤，从而在一种反政治的怨恨中遇到了自己的对手。美国右翼政治家和鼓吹者成功地将白人男性劳动者界定为群体政治中的"少数"。如今，在几乎所有西方工业民主国家中都闪动着这类鼓吹者的身影。作为一群愤怒的局外人，以及经济和政治权威精英的牺牲品，这群人数众多的"少数"就可能在他人的操纵下非难国家，并屈从于商业利益。只有在社会和文化的同质性最强的国家，在最成功地解除了经济风险的福利国家，在税收制度最为隐蔽的（主要依赖间接税）国家，这种怨恨的政治才是无关紧要的。

因此，对实质性平等保护理论的分析显示出悲观改良论无法区分需要帮助者和实际获益者，在因果性认识上存在严重缺陷。这个缺陷进而带来如下理解：法律政治（legal politics）从群体主义的社会政治中汲取了生命。群体主义有助于对获益群体进行内部划分，在无法表达痛苦和焦虑的劳动阶级当中激发出反政治的挫败感，结果妨碍结成一个更具包容性的大众同盟，阻止人们为形成并维持这一同盟而构想出重建计划。

如果来自司法高地的改革努力和公民社会的草根运动暗中结盟，悲观改良论在法律政治上的这些缺陷最有可能被遮蔽起来。司法能动有助于拓展社会运动的空间；权利的重新配置可以改变局部冲突与国家政治的平衡尺度。反之，社会运动也有助于激发并引导司法能动，并给作为反对者的政府政治部门施加压力。

联邦司法机构联手民权运动，为平等保护理论和反歧视法的发展提供了一个例证。研究表明，布朗诉教育委员会之后的十年里，种族隔离的状况几乎没有任何改变。然而，进步法官和基层运动群众之间的潜在同盟似乎有助于形成并推动权利冲突及其成就长时间地延续下去。同样的情况也存在于当前女性主义运动和女性权利的司法保护活动当中。

在这些例子里，我们发现所有变革性实践中都存在一个重要的联系，即国家主导的高层政治与社会支撑的底层政治之间的联系。然而问题在于，理性化法律分析的理论和实践并不能使改革发生在这样一种有利的环境当中。从其理论站位来看，同盟只是偶然的，并非作为前提或目标而出现。如果将之作为前提或目标，就不得不问哪种制度安排最能确保其实现。我们需要发现一种法律思维方式，让高层政治在重新界定权利时能够对发生在底层的社会运动保持敏感。

现在，我们在第三个也是最后一个层次上讨论因果论缺陷。实质性平等保护及其所阐发的进步主义政治的困境在于：它不再让我们去关注固化了利益、理想及群体地位的社会制度结构。实践和制度并不能呈现所有的排斥和窒声，却部分展示了法律对之最有效的表达。观念和文化也很重要；但是当人类联合的愿景落实为鲜活的现实制度安排时，法律思想最有可能对观念和文化进行改造。针对种族和民族、年龄和残障、性别和性取向的歧视决非向壁虚造，一旦与经济和教育的劣势地位、社会无组织化和政治去动员化相互结合起来，这些歧视就会变得极端强大。

让我们思考一下当代工业社会中劳动力等级分化和这些社会（以美国社会为首）的下层阶级结构。许多不同的制度化实践——被法律想象并不断再生产出来——都支持着以下社会现实：长期工和临时工或工人和分包工的区别，使企业能够通过保持两级劳动力来应对商业周期；企业依靠内部筹集的投资资金，通过援引财产准则拒绝对众多潜在利益相关者承担责任，从而对投资和生产策略进行严格控制；为私有产权采取一种使所有权或控制权的集中成为规模经济必要手段的形式，同时为加剧任务设定和执行行为之间的反差而设计出各种工作组织和机制，二者相互结合；教育系统的社会、文化等级森严，职业化商业阶层将特权学校与其他特权领域联结起来，或是进入与私立学校类似的系统，跳出他们本应进入的公立学校；财产流转和遗产继承的规则使人们从各自父母处继承财产，却不是更平等地从社会中获取财产；税制的设计虽在表面维持着渐进的再分配，却未能取得任何显著效果，并由于不得人心，阻碍了再分配在支出而非财政增收方面有效发生；尽力把对下层阶级的福利资助排除在对广大劳动阶层的经济支援之外；公民社会放弃了传统契约和公司法的组织手段，促使公民群体划分为有组织的和无组织的两类，并为大型组织化利益的相互交易提供了舞台；政治选举制度用金钱吸引眼球，将投票选择变成了对日常决策的干扰而非完善，借此阻碍公民的政治参与；宪法组织的形式相对于实验更喜欢妥协，相对于妥协更喜欢僵局。尽管这些实践和制度相互强化，却还不是一个不可分割的体系，我们也无法从"资本主义"或市场经济的抽象制度概念中将它们推导出来。

悲观的渐进改良论在法律纲领上存在的问题远不只是难以挑战这些压迫和排斥的制度根源。作为现实改革的一种实践，它有助于改革者跳出造成劣势境况的种种因素。作为一种法律表述，它将理性的权威和必然性光环授予给社会的制度结构，由此实现权利的重新分配。作为社会想象的一种形式，它没有留下任何可供描述和讨论社会别样未来的语汇。既定实践和制度的改变，人们对自身利益、理想和身份的认识变化，二者之间的相互作用才是产生一切未来的源头。

97

因果怀疑论的深化与概化：两种政治经济体制下的法律

接下来需要讨论法律在两种对立的政治经济模式——二元主义（dualist）与法团主义（corporatist）——当中所处的位置，从而继续推进前文论证。关键是要指出，实质性平等保护理论和反歧视法如何体现了法律改革和社会张力之间存在着的一种令人厌恶的、误导性的关系（理性化法律分析时代的法律以此关系为基本特征）。这种误导性的、令人厌恶的方法与悲观的渐进改良论及其法律共享着同样的局限性。二元主义与法团主义的对立既不能穷尽发达工业民主国家的政治经济选择，也不能囊括任何一国的选择。它毋宁是指明了真实的方向差异。在差异的基础上，我们能够言简意赅地重述法律失灵和法律理论幻灭的过程。

美国将政治经济二元主义奉为圭臬，其特点在于：资本密集型的大规模工业经济（以及知识密集型、组织灵活的先锋企业）与劳动密集型的零售、服务业次级经济之间形成了十分鲜明的对比，劳动力也相应地分化为具有相对特权的熟练和半熟练工人阶级与临时雇佣的非熟练次等工人阶级；拒绝接受政府对经济进行普遍干预，不承认政府在各种组织化利益之间从事经纪活动的合法性；国家福利对普通劳动阶层和次级阶层存在明显的差别对待。在这种情况下，再分配税制遭到了强烈抵制；而且，即便只是假装实施其根本不可能完成的再分配，也会遭到最强烈的反对。政治经济二元体制具有一个显著特征：劳动阶层（在美国称为中产阶级）虽然具有某些相对特权，但非常脆弱。这个阶层与下级阶层争夺政府关注，面对经济风险时却并没有得到一揽子的劳动和社会权利保护。这种政治失望和对政府行为的敌视有助于阻止改变劳动阶层境况的同盟和计划出现。它们使沮丧和自我挫败的仇恨情绪长期存在，促使每个群体都坚信自己是其他群体的牺牲品。

政治经济二元主义与社会文化多元主义彼此呼应。群体历史、身份地位以及思想观念的深度分化都有助于形成这样的二元主义。而二元主义的制度安排也强化了分化，将其桎梏于日常生活的无情压力之下。二元主义与社会分裂的第二层关系——从二元到分化——将种族分化卷入阶级分化：和其他具有二元主义论特征的社会一样，美国的下级阶层主要由少数族裔和单身母亲家庭组成。

二元主义与社会分化的第一层关系——从分化到二元——让人想起一个羞耻的历史负担。废除奴隶制之后，许多有魄力的奴隶主放弃了他们的奴隶，移居他处，从事自给自足的农业生产。当福特式生产成为工业体系的核心时，相对更成功的企业家创造了一支相对稳定可靠的劳动力队伍，并抛弃了其余的劳动阶层。当高新制造业和服务业开始取代福特式生产时，企业主和投资者则把目光聚焦于受过良好教育、适应能力强的劳动精英身上，而将其余劳动者甩给了国家福利和劳动力市场的无情压力。

社会边缘地带上的社会—种族构成具有一种压倒性的连续性。歧视——无论是否受国家支持——总是被这个二元结构中固有的排斥和焦虑重新点燃。白种男性工人与次级阶层、女性工人竞争，又以男人的自恃和能力面对经济危险、社会危机和政治失望的威胁，并且一直、仍然是种族、性别和性取向歧视的牺牲品。歧视的起源和繁衍方式多种多样，想要发现并把握它们，若是离开了社会二元结构和等级制度，并不比离开被大气层环绕的地球去研究地球大气层更高明。

在二元体制下，法律思想最强烈也最特别的关注就是反歧视法。反歧视法在实质性平等保护的美国宪法理论中得到了最富雄心的表达。反歧视法要解决的问题真实存在，但有限且肤浅。法律和法律思想的发展似乎要优先解决二元体制造成的分化和劣势，却忽略了制度上的原因和制约，把注意力集中在歧视上，没有寻找结构上的根源，尽管歧视和制度结构确实是密不可分的。事实上，政治经济二元主义体制造成的社会分化和排异是权利实践受挫的普遍原因。依据当代法律精神，它们应当成为改革的首要目标。然而值得注意的是，这个如此热切、如此不可抗拒的改革却仍然局限于如此狭隘的领域之中，而且它的判断也是如此具有选择性。

"为什么如此具有选择性，尤其是为什么如此反结构?"这个问题有两个基本答案。第一，优先考虑制度歧视，只是表现了群体主义所关心的政治主线。要解释这种优先性，就得首先解释这些政治。第二，基于目前已经揭示出来的原因，理性化法律分析患上了制度性的失明。这两个答案比表面看起来更加接近。政策和原则进路的反制度主义具有很多来源和影响。它既是政治和政治争论空洞化的原因，也是其结果，是对公共生活和公共话语中民主实验责任的一种想象性表达。

反歧视和平等保护法与政治经济二元体制之关系的特点就在于选择性。这也表现出理性主义法律理论想象社会生活的特点。法律真实地回应着现实问题，却潴留在社会变革和结构重构的门槛之外。这种停滞可以得到合理支持，因为法官、行政官员，以及其他官方的法律适用者都不应，也不能成为结构变革的代理人。下文将指出，如果我们认识到将裁判当作法律分析的核心任务其实是一种贫乏、压抑和盲目的观念，就可以对这种停滞提出异议。让法官成为真实的存在，让非官方的法律分析者和理论家在谈论法律时也能把自己想象成法官的模样。如此，反结构的想象才能焕发新的生机。

政治经济的法团主义体制中也出现了同样性质的停滞的和误导性回应。较宽泛意义上的法团体制不限于例如奥地利这样传统上被认为采取了法团体制的国家里。我们也能在荷兰和斯堪的纳维亚的社会民主制中找到这种体制更具普遍主义和平等主义的形式。德国、法国和意大利的法团主义更加尊重不平等，更加依赖于家庭和企业所提供的扶助能力和控制手段。如果我们的目的是去理解福利国家的各种形式与系谱，那么这两个变体最好被看作是两种不同的类型，在处理政治议程所涉及的问题、制约和机遇方面各有特色。不过，在讨论法律和法律思想所反感的社会改革时，我们既可以忽略二者的区别，也可以运用这些区别去解释它们的共同问题。

政治经济法团体制的决定性特征在于社会权利市场制约机制的确立和较大组织化社会利益间影响政治形成的商谈实践的相互结合。集体协商的主要议题是社会和经济权利的资金来源和范围。每个人都享有一揽子的福利和权利，应对市场竞争压力和商业低谷期。这些隔绝市场影响的、以权利为基础的优势包括：对健康和教育的需求，对身体和经济风险的赔偿，对未成年人、老人和病人的看护，以及劳动者的解雇限制。

与中西欧那些更加等级化也更加国家主义的社会相比，成熟的社会民主体制对这些社会权利进行了更加充分的界定了和更加平等的分配，并使之更加有效地独立于人们的地位和职业。欧洲理念最富激情的守护者已经看到，在一个共同体中，社会和想象的凝聚力有赖于通过为更具包容性的社会民主妥协提供安全可靠的经济支撑，以此弥合两类政治经济合作模式之间的鸿沟。然而在这两种类型当中，我们都能在以活跃的、日常的、市场为导向的活动范围内所保留的权利和由外部塑造的市场权利之间，发现同样精致的辩证法。在社会民主法团主义中，这套辩证法是最独特、最普遍的当代法律辩证法的一种特殊形式：选择的权利和为了选择而放弃选择的权利之间的辩证法。

政府经纪人在各种组织化社会利益之间处理一揽子社会权利的内容和资金，以及社会权利总体所依赖的宏观经济总量：诸如工资和商品价格，甚至储蓄和投资水平。这些"社会契约"调和着权利承诺和经济现实，维持着市场领域和隔绝市场影响的保护措施之间的界线。此外，就社会契约参与者代表总体劳动者所体现出来的包容性而言，成熟的社会民主制度与相对不完善的社会民主制度也有所差别。在更加不平等、以身份取向的法团模式中，很多人仍然被排除在协商实体之外，承受了协商决议的不利后果。有组织群体与无组织群体在法团主义体制中的分化再现了二元主义体制的某些特征。如果工业最终依赖于被剥夺了权利的流动工人或来自贫困国家的劳动者，并且将他们看成是双层劳动阶层中可牺牲的次级阶层，二者的相似性就会更大。

社会权利和社会契约都依赖于民众普遍信任政府在经济活动中的重要性与合法性。这种信任使得我们更加深刻地认识了法律关系的政治构造，无论是在公共领域还是在私人领域。法律思想运动自19世纪以来就力图摆脱对自然的、前政治的市场经济、自由公民社会以及代议民主的盲信，于此在这个已经付诸实施的观念中获得了支撑。就政党政治的实际后果而言，治理政策较之二元主义体制获得了更大的机动空间。政治论辩也很少在是否信任政府的问题上纠缠不清。就法律改革的实际后果而言，可以在私法和公法领域更加平等地对社会权利加以重新界定。

法团体制的问题在于将某些限制强加给了民主规划的核心领域：物质进步条件与个人解放条件的重叠区域。随着社会权利的新体制退化为个别群体的特权和无能的旧制度（ancien régime），政治经济法团主义的社会契约也会不断面临向群体特权等级体系蜕变的风险，从而严重束缚了创新实践，同时也严重限制了平等。

法团体制下的一揽子社会权利巩固了那些原本临时应对经济政治挑战的妥协。这些经过巩固的权利将向外延伸，超出经济和教育的赋能范围以保障个人行为的有效性，将会包括每个部门的劳动力相对其直接上级和下属所享有的特权，以及每个商业部门对国家有利的权利要求。由于个体行动者的装备与身份特权混在一起，经济创新的空间就愈趋逼仄。由于政治影响和经济影响的分配永远不会重合，就没办法对二者予以均等匹配。有些人认为自己是输家，就按照他们的利益和权力的要求，以怠工、抽资或罢选等方式进行反击，破坏社会契约的合作实践，导致代价高昂的社会消耗战。由于不同群体利益没有得到均衡的组织和代表性，无组织或组织不强的群体就无法得到这种体制下的孤儿。更为充分的社会民主制度需要将权利和工作分离，从而限制这种不平等，但这样又会给社会增加福利负担（以创新衰退和权利成本来衡量）。由于社会权利既包括集群习惯也包括个人手段，界定权利的社会契约就要从公开的政治议程上撤掉大量事务，并缩小实验性政策和政治的开放范围。

实践进步的核心在于创新与合作之间的矛盾关系。二者都是实践进步所必需的，它们彼此需要却又互相损害。经济增长是研究这一关系的最重要领域之一。一旦我们跨过了资源短缺和技术落后的早期阶段，技术、组织以及观念的创新就会迅速超越储蓄水平对经济增长的限制。经济创新有赖于各个层面上的社会合作：工人之间以及工人与管理者在工作场所的合作；企业（包括供应商、消费者甚至是竞争者）之间的合作；企业与政府之间至少在基本的物质、社会和人力资源上的合作；在较大社会中，各个阶层为了得到政府的关注和扶持而相互竞争，与企业之间进行合作。但是，每一项创新都威胁到了合作性实践制度深嵌于所有层面上的制度安排、关系和期望。反言之，任何合作性实践在扎根之后就会去扼杀创新性突破。经济增长和实践进步的核心问题是制度设计，用以缓和合作与创新的彼此干扰，增强相互支持；合作性制度安排不太可能把创新行为当作自己的担保物。

从这个角度看，二元主义体制的问题在于不能满足合作的需要，或者虽然满足了合作的需要，却动用了经济胁迫这个昂贵而笨拙的手段。而法团主义的问题则是拘泥于一种特定的合作制度，将之作为社会契约和社会权利，严重限制了创新。它不是仅仅从短期政治议程中撤出了使经济和政治自决有效发挥作用所需的能力保证，而是从议程中撤出整个社会世界，最终给经济和政治实验增添了沉重的负担。

现在，我们拥有了所有要素，理解法团主义体制下理性化法律分析的最独特关注：弹性和自下而上的法律创制。对于国家界定的既有权利和国家精心策划的合作，它们是解毒剂，正如在二元主义体制中，实质性平等保护和反歧视法被用来有选择地矫正某些形式的社会隔离。和以前一样，法律对社会问题的回应既是真实的又是肤浅的，既是热切的又是误导的。这种回应的奇特形式所感兴趣的是超越了国家立法、自下而上的法律创制，以及自我规制和自我创生。这种单调的实践形式强调了"辅助原则"（principle of subsidiarity）。依照这个原则，权力应当在切实可行的范围内从中央政府分离出来，下放给个人、家庭、企业和地方政府。每一个上级单位只承担那些直接下级不能有效履行的责任。

在无组织或没有重新组织的社会中，权力下放只能让权力累积到那些已经拥有权力的人手中，使得公民社会的小型专制规避了来自远端或自上而下的纠正。更为普遍的是，它会在各个层面削减可能带来挑战和变革的公共讨论和社会力量的复杂性。一个明显的例子就是通过传统产权形式建立起来的劳动者自我管理与工人所有制。*如果我们从较为简单的形式出发，即尊重工作的既有分配和单一产权的传统观念，对效率、平等以及参与等初始目标的承诺将促使我们放宽这两项假设。一旦约束了资源的移转、积聚、获取、支出，我们就会发现，为了有效运作，未经重构的工人所有制，即传统的单一产权从一种所有者（资本—投资者）转移给另一种所有者（工人—产权者），将让位于在工人—产权者和外部实体之间

---

　　* 对于工人所有制与自我管理体系更为全面的论述，参见后文第157~161 页（页边码）。

划分和共享的更为复杂的指挥权。此外，如果我们想要避免集权式指令经济的寻租行为和教条主义，这些外部实体就不能限于政府科层机构。它们本身必须是独立的、具有竞争力的基金，享有我们现在称之为产权的某些构成要素。民主政府施展权力的范围被缩小了，但在为生产资源去中心化分配的差异和不平等施加最终限制时却发挥着决定性作用。最终，工人的自我管理和工人所有制必须被理解为民主化市场经济的别名，而不仅仅是产权转换形式。这样一种经济制度将产权拆解成不同权能，并将之分配给不同的权利人。

在缺乏这类制度创新的情况下，辅助原则和权力下放压制了变革的可能性。只有在更加去中心化的环境中，临时协议才能持续不断地转化成固定的权利。反对僵化的运动丢掉了自己的目标。这种实践退却在精神层面上对应的是对既有社会生活方式的屈从，人们不再怀抱任何政治幻想，而只在"个体生命的极弱音"中寻找慰藉与救赎。人们希望通过矮化政治来使自己变得高大起来，然而这希望放错了地方。

为了摆脱被误导的命运，法团主义下的法律和法律思想将不得不去面对并重新想象如何以制度形式实现它们去中心化的反国家主义（antistatist）抱负。但是，只要对方法没有任何革命性的改造，理性化法律分析就根本无法实现这一目标。只要不把制度/实践与理想/利益的关系作为核心关注，法律分析者就注定被淹没在不良后果压倒善良动机的社会现象当中。

理性化法律分析在政治实践中的失败

现在，我们可以更全面地审视实质性平等保护所提出的建议了。理性化法律分析的确如实表达出了保守的制度改良主义的可能性和局限性。特别是，它从可能提供给悲观改良论的服务中汲取了意义、权威和能力：以回顾性法律系谱的理想化图景为基础，为那些最弱势、最有可能在法律创制中遭受挫败和奴役的人改善处境。

然而，在为这一系列改革政治服务时，理性化法律分析也暴露出在政治实践和政治想象形式上的局限。我们对政治规划及其法律工具的关系了解越深，就越难对二者予以信任。

作为政治行为的理性化法律分析，最大缺陷在于无法触及社会制度和实践中劣势与排斥的深层原因；即便有所触及，也因其视野狭隘、眼光短浅而总是使制度改良产生出反常的、悖谬的结果。这一基本缺陷关乎政策和原则进路在现实改革中存在的所有其他缺陷：让司法者扮演起波拿巴主义的可耻角色，将法律利益高高在上地施舍给彼此孤立的受害者，而不是通过群体组织的前瞻性手段加以引导；强调压迫状况中与社会制度结构最不直接和最表面的联系，例如对不同群体的身体特征所引起的歧视；选择性地忽视劣势条件的不同来源之间、不同群体的劣势条件之间的联系；在数量关系上频繁颠倒被需要的扶助与可给予的扶助；加深了精英阶层与受益群体之间、被选中得到扶助的与未被选中得到扶助的群体之间的分化；对我们实现去中心化、权力下放等纲领性目标的制度背景不作任何批判；以及更为一般地，焦虑并执着地修正着那些除非对制度/实践、利益/理想进行重新安排否则就无法有效消除的社会弊端。

对制度/实践与利益/理想之内在关系进行压制和冻结的 冲动，损害了作为政治想象的理性化法律分析。它的运作方式是为法律所界定的实践和制度提供理想图景，并在法律的回顾性发展中为这一提升寻找理由。由此产生的结果并不会阐明、发掘，遑论解决现代法律政治在纲领立场上的内在不稳定：已得认可的利益或公开宣示的理想和既有的制度载体之间的紧张关系。

能否在其他话语领域消除这种内在不稳定关系？对此问题的回答是，我们必须以法律的方式消除它。正是由于法律，制度和实践才通过生活细节挟持了我们的利益和理想。正是在法律思想之中，对社会制度安排与利益和理想的观念之间的关系，我们给出了一个颇有质感且决定了不幸命运的说明。这种经典的法律推理给想象带来的最大成本是消极的：它填塞了想象的空间，不给其他思维方式留下扎根的余地，而且这一切就发生在权威观念与现实实践相结合的关键试验场上。

然而，任何想要法律分析发生转向的提议都会遭到反对，因为它所需要的方法可能超出了法官的权利限度和能力范围。认为法官或其他类似法官的人是法律思想的主要代理人，我们必须摒弃这种观点，否则就无法在理解法律分析的潜力问题上取得任何进展。我们必须降低司法角色的权重，赋予他专业的、例外的和次要的责任。作为整体的公民社会才应该是法律分析的首要对话者。而法官的任务是要为公民提供技术支持。

理性化法律分析的四重根：
法官的指挥作用

痴迷司法的历史语境

理性化法律分析的局限总是可以把受约束的司法角色当作借口。理性化法律分析和19世纪法律科学一样专属于法官，以及在实践和精神上类似法官的官方或非官方的法律分析家。即便当代的"法律程序"理论认为司法机构仅仅是多元法律代理系统中的一元，它仍然在同等系统中占据首要地位，位于"精细说理"金字塔的顶尖，同时将立法的地位贬抑到最低，只有在理性省思的权力完全失败之后才会将之作为最后的手段。所有提议改革法律分析和转变其方向的建议都会遭到这样的反驳：法官可以用这种方法做什么？"法官应当如何审判"的问题阻碍着对话，从而成为法律理论的核心问题。

对司法审判的质疑不应享有这种特权。这种特权阻碍了法律理论的进步，掩盖着各种经不起推敲和反驳的反民主预先承诺。当代法律思想的关注无法从对权利有效享用转向自由社会中权利享用的替代性制度路径上，这种特权既是其原因，也是其结果。痴迷于司法，这给法律思想施加了反实验主义的咒语，诱使法律思想背离了自己对民主政治的首要使命。我们需要将"法官如何审判"的问题降级到专业的和次要的层面上，正如一个需要专业答案的问题同时也要为指向其他目的的法律分析实践留足空间。核心目的是要以具体的法律和法律思想为中介，在想象和实践上，厘清理想/利益与制度/实践的相互作用。在讨论理性化法律分析和法官模范身份的关系之前，不妨先来回顾这种身份在形成过程中体现出来的一些令人费解的特征。

解决纠纷和征服、防御一样，向来都是政治治理的首要渊源。社会历史的最基本目标就是为了克服冲突、篡夺、复仇的威胁而建立并维持秩序。因此在我们现代人看来，早期政府在形式上更像是一个司法机构。然而这个印象只传达了一半事实：我们把前国家制度中调解和审判的包容性实践与现代法官雄心勃勃的专业工作混同。理解早期制度的要旨之一在于认清审判的习惯法背景，而在某些情况下，神法和王权的干预凌驾于习惯法之上。

108　　习惯法的形成围绕着一系列相互关联的持续性：人们依据各自所扮演的社会角色而产生的相互期望和实际要求形成

了法律的连续性；常规行为和日常信念提供了规范标准的连续性；通过将法律适用于具体案件来界定法律是什么，从而产生行为的连续性。这些连续性逐渐使社会自然化：社会制度安排最大限度地抵制了挑战和修改，最终成为事物自然秩序的一部分。在欧洲中世纪晚期逐渐兴起的新型治理当中，仍然将司法管辖权区别于君主治理权。前者在法律适用过程中对共同习惯法进行了重述。后者干预危机、配置资源和人力，避免扰乱社会的自然化秩序。当这种自然性（naturalness）的实际意义不得不去包容不同社会生活方式时，它又转变成一个细致的概念：集体身份，即罗马习惯决定了做一个罗马人意味着什么。

与社会习惯形成鲜明对比的是，英国普通法和欧洲共同法（ius commune）发展迟缓且多有中断。争议解决逐渐形成了各种程序。法学家开始将法律视为一定历史时期中历史演化的产物。社会借助法律技艺，拓展出自我重塑的巨大力量。

审判与理性重构

让我们来看现代法官的工作和现代司法制度的地位。法官的法律适用和法律解释发生在这样一个语境当中，即法律被公认为是由非司法机关制定的。民主制度中的政府部门必须在立法上占有重要地位。法官作为法律阐释者的权力似乎超出了作为个人的宪法权利监护人的临时责任。现代法律的历史比较研究显示出，法官自 1800 年以降——甚至在欧洲大陆——便承担起法律解释和法律重构的重大责任。他们并非像 19 世纪早期许多激进改革者和民主人士所主张的那样，是受制于原初立法者的奴隶。司法权力的扩大因法典化活动而减缓，也受到了学院派和民间法学家在声望上的影响，然而从未停下脚步。如今，即便是德国法官，在法律解释技术上也和美国法官愈加相似，二者并不像我们根据不同法律传统所认为的那样充满分歧。然而，历史学家无法解释，为什么在那些对法官保持敌意的法律文化传统中，法官仍然在立法的阶梯上不断攀升。

在这些由法官推进的国家里，我们能够在制度现实与先验精神相互适应的过程中找到答案。法治理想和行政效率都需要法律被规范地制成一个规则和原则的实体，将典范的、稳定的权利主张传递给广大的角色群体，如公民、纳税人、消费者以及劳动者，或者债务人和债权人、配偶和子女。即便产生这一法律实体的各种利益和理想出现内部分化，分化程度也不会太高，统治精英同样不会过度碎片化、派系化，导致无法继续补强彼此间的临时协议，而只能依靠专门的政府机构加以完善。理解理性化法律分析及其既明确授予又隐而不彰的司法权力，方法之一是将之视为一种手段，政府政治部门中的立法精英借此手段将完善协议的责任转移给法官或其他法律适用者。通过使用含混的规则和标准，将权力如此招摇地下放给法律适用者，就是一种极端的积习。然而，法官使用政治部门的方法，并不能有效取得这套社会逻辑（隐蔽在似乎即将破碎的妥协当中）的专利，也无法将完善法律的责任与在个案中尊重、捍卫权利的任务相互调和起来。因此，理性化法律分析就和它19世纪的前辈一样，只是用来进行制度修补的一种话语工具。

随着民主政治的分歧和可替代性不断锐化，通过以回顾性方式创造并独占一套内在逻辑，将法律视为一系列未完成的妥协，这样一种权宜之计就会在现实中失去可取之处。不能以某个法律片段为例，证明存在一个正在完善的理性框架。从某种意义上说，这种潜在框架的缺失与其说是民主制的问题，毋宁说是民主制度保持活力的先决条件，因为民主正是通过社会生活中有意识的试验才能得以拓展。出于同样的原因，将完善法律和重构法律的责任下放给那些在理性沉思中隔绝人间烟火的专家，这种做法毫无意义。这项知识技能属于公民。110 任何多元民主社会都有充分的理由保持协议的未完成状态，其任务是依据协议中所隐含的权利或福利的系统化概念来完善协议。但是，只有那些被反民主迷信所笼罩的民主体制，才会把这个任务委托给一群司法密教徒。

从这个角度重新思考，理性化法律分析及其在审判和法律理性重构之间建立的联系似乎有赖于各种情境的有效结合。

社会生活必须拥有足够多的实践实验主义，使慎议民主的法律创制成为社会制度安排的主要渊源，而非次要补正。不过，民主实验主义不可泛滥，使人怀疑法律究竟能否从作为对抗性利益和观点之妥协的展望性历史过渡到作为政策和原则之系统呈现的回顾性历史。民主和民主实验主义正是这一过渡所要抑制的对象。社会继续坚守着社会生活自然化的明日黄花，因为它得到了习惯法和现代版社会生活自然化观念的庇护，后者认为自由经济政治生活的制度和权利体系是不证自明的。

有人认为法律推理方法和司法审判责任之间具有一种自然对应关系。理性化法律分析就在这种未经检验的观念中获取了力量和意义。制度和意识形态在民主制中对司法角色的限制，以及将法律解释成相关联的政策和原则的努力，二者似乎彼此支持且互相证明。一旦我们决定让法官使用精细说理的方法，并将该方法解释为政策和原则的非人格化语汇对法律的理性化重构，就可以适当拓展精细说理的边界，将其变体分配给同一法律体系内的其他代理机构，如行政机构、私人权利享有者、立法机关等。最后来看看在政党选举政治中残余的、抵抗理性的政治实践，这是法律创制的最后避难所，而非首要渊源。法官伫立在这个想象性体制的中心，因为他被假定为理性在法律中的具身。

摆正司法审判的位置

认为法律推理和司法判决具有自然对应关系，至少可以遭到这样的质疑：法官是制度塑造的角色，而非具有永恒内核和固定边界的社会活动。这个角色的轮廓随着社会和时代的不同而变化。一个简单的思想实验就可以证明这点。解决诉讼个体之间的权利纠纷，对妨碍权利享用的组织实践进行重组（例如通过综合实施），这两项任务应当像现在一样交由同个制度机构执行，还是分派给两个不同的机构？在一种情况下，正如当今美国所理解的那样，司法的作用会继续增强；在另一种情况下则不得不有所收缩。设计任何方法都不能脱离实施方法的制度环境。

法律分析实践和法官的地位，这两个沉没在历史的变化和偶然中的现实，根本无法通过某种程度的叠加而减少变化和偶然，就像是自然地相互结合、彼此拥有。而这个武断的等式也有助于理性化法律分析的形成。

一旦认识到这个等式所隐藏的悖谬，我们也就可以看到，它的后果大概分为两类。第二类较为隐蔽，作用目前也相对更重要。第一类则是雄心勃勃、充满焦虑的专业人士——法官、官员、法学研究者——对法律分析实践的过度影响。这些法学家要么将自己想象成法官，要么就在法官耳边窃窃私语（既是比喻义也是字面义）。

这些角色想要从事重要的工作，也想要让工作的重要性与民主合法性和实践有效性的有限主张相互调和。理性化法律分析可以理解为是对该问题的最新回答。因为它是重构性的、修正性的，而且会带来对权利的重新解释和重新分配，所以为重要的工作创造了机会。因为它声称要解释法律或者在理性的指引下阐述法律，并且规避了制度安排的重新设想和重新创制，所以关注对专家权力的实践限制，以及对非经选举产生的官员和职业人士的权威予以民主限制。在所有这些方面，理性化法律分析与各种形式的政策分析、政策药方，无论来自官方还是非官方，可以保持并行不悖。它热衷改良税收-移转制度从而放弃改革制度结构，所遵循的正是社会-民主妥协的基本逻辑。

问题在于我们很难将"法律分析能为国家和公民做什么"降格为"通过调和他们的抱负和焦虑，法律分析能为法学家做什么"。这个"身份集团"将更大的任务禁闭在自己的促狭关注当中，阻碍了更具普遍性的任务。如果这种禁闭要阻碍民主规划，那么这就是无法容忍的代价。如果它否定了我们用以发现、解决制度/实践假设与利益/理想定义之间不稳定关系的方法，就会阻碍民主规划。在当代民主政治中，这种不稳定关系位于我们所熟悉的一切纲领立场的核心地带，无论其保守、温和还是锐意改革。

由此，我们到达了法律思想中更难捉摸也更加重要的第二类后果。它源自对法官的痴迷，使我们丧失了法律分析实践得以建构和重建的想象领域。法官提供的适用性标准完全束缚了法律分析的重塑：任何更有雄心、更具变革性的分析风格都只会增加法官已然过度的权力。

答案可能是，将法律分析工作交给法官，通过法律话语之外所有现成的政治论证，处理制度/实践与利益/理想的内在关系。问题在于，这种内在关系在细节方面表现得最为重要，而最低程度的必要细节却存在于法律当中。法律并不描述行为规律和社会制度安排；它选择的制度安排，从中生产出以国家权力为后盾的权利主张。反过来说，法律理论将有关权力授予和否定的制度安排与人类联合的观念相互连接起来：在社会经验的不同领域中绘制出种种可能和可欲的联合形式。

制度和想象上的大规模替代性方案如果被视为一种复杂的意识形态，就会丧失自身魅力，如果它们所提出的大型改革项目在失败和绝望中分崩离析，这些方案就只能发挥一些局部作用。想象不会比法律和法律思想更能满足制度细节，即便可以满足，对人的能力和无能而言，也不会比法律和法律思想更加重要。法律人已经在智识和实践领域完全控制了这一关键。我们不敢将之彻底交给法律人，唯恐他们的表达出自一种自私的调和，既想完成重要的工作，又想避免民主视角下的尴尬。

法律、法律人和公民的这种关系并非特异，反而具有典型性。在发达工业民主国家中，政治学狭隘地以国家为导向，哲学也不再试图颠覆或重构权威，有关基本原则的论争就此退出政治学和哲学的核心论域。然而在职业化的实践和话语中，从政治和文化的主要领域中撤出的东西又披着专业知识的伪装重新登台了。如果民主规划想取得进步，专业化的知识和实践就得以某种方式重返民主对话的核心，回到曾被它放弃的重大议程中去。它们必须让这一对话丰富起来，必须以一种接受专业化知识技能之必然性的方式返回对话，同时改变专家与公民的关系。

法学家——不再将自己想象成法官——必须做公民的助手。公民——而非法官——必须成为法律分析的主要对话者。拓展这种集体意识的可能空间，必须成为法律思想的核心使命。

法官应当如何裁判？

那么，我们就要考虑将"法官应当如何裁判"当作一个需要特殊回答的特殊问题，并且进一步考虑在给出答案时，如何小心避开理性化法律分析关于类推、专断和改革的幻想。我们应当采取另外的方式去重新界定以上方法，这种方式必须尊重人的现实和人们走上法庭时的实际需要，而非将之困轭在一个光芒四射的法律发展纲领当中。我们必须确保司法实践的开放性和可欲性，既符合现实又有能力想象。只有在这样的空间中，才能开展社会改革的真正工作。我们必须避免教条、接受妥协，这既基于实践理由，也是根据我们对实践的社会作用的理解。当代民主体制中，法官究竟如何判决，这个问题必须得到持续关注。

我现在要提供的这种基于审判环境的法律分析观，会熄灭理性化法律理论在智识和政治上的巨大希望。它削弱了判决书所体现的抱负，是因为它在判决书之外更加雄心勃勃。而且，它还具有现实主义的品格：相比理性化法律分析理论，能够对大量真实判决进行更好的阐释。如果我们明白，任何话语实践都有可能成为一个自我实现的预言，都很容易受到自身工作所包含的一种特异观念的影响，那么在这个方面，它甚至也比对手更加优秀。它的理论形式进入了事物本身。可以预见，理性化法律分析的纲领总是给司法实践（尤其是高级法院的司法实践）施加某些影响，但这些影响往往也非常有限。

现实审判中的法律分析在解释成文法和以往判例时，大都应该是而且必须是以具体语境为根据的类推实践。这种类推需要以目的解释为导向。对待解释素材所进行的目的归因（the attribution of purpose）在一般情况下隐而不见，但在意义和目标有争议时则必须予以公开。事实上，如果诉诸更为宽泛的社会文化经验以及诉讼当事人的生活境况，不同目的之间也会发生争辩，因此就不能限于法庭上的吁求，所有目的都必须予以阐明。

然而，目的类推实践有别于理性化法律分析的实践和理论之处，体现在两个关键方面。第一，它应当承认不会发展出封闭、抽象的系统，即目的判断上升为能够涵盖整个法律和社会生活的规定性准理论概念。第二，它应当尽力避免在展望性和回顾性法律系谱之间制造任何僵化的对比，前者对应着那些在法律创制中斗争的人，后者对应着对既定法律进行职业解释和司法解释的人。引导类推的目的必须和激发源初立法斗争的目的一样，具有妥协的性质。所谓目的，既包括某一群体利益对其他群体利益的胜利，也包括要去克服种种恐惧的种种焦虑。

重要的是法官对这些目的所形成的看法，它与产生法律片段的话语和冲突的真实世界保持着连续性。此外，该观点应当承认它诉诸的每个利益、关注和假设都是可争论的、派性的。它们有价值，并不是因为它们是最好的、考虑最周详的，而是因为它们在先前的法律创制活动中被成功地确立为法律。尊重政党和社会运动的政治成功并将之载为法律的能力，是一种更具普遍性的承诺。遵从字面意思和共同意愿对这种承诺而言只是一个非常有限的例子。

115　　如果将该承诺转移到英美法这样的法官法体系中，就会遇到一些特殊问题。因为在英美法的历史上从未有过某个时刻能够跳出专业法律人的理性化回顾性话语。关键是民主制之内的和民主制之后的普通法必定有别于民主制之外的和民主制之前的普通法，它们的发展道路也是非常不同的。普通法要想被民主制接受，就决不能是一群法律智者对自然而稳定的习俗世界不断发现、不断打磨的产物，也决不能是由用以界定自由经济社会之必要法律形式的私法范畴所构成的基本体系。它实体化了那个人们偶尔才予修正的历史妥协，因而勉强获准存在下去。从民主信仰和实践的视角看，不能再以普通法的理念和类比的方法去解释成文法，也不能因为普通法的式微而默认成文法的严格构造。应当在民主实验主义的语境中重新阐释普通法，将其作为一种制度和预设上的晦暗地带，民主政治对其尚未干预而且无需时常干预。通过将个案式发展带入活跃在政治发展和司法建构当中的假设和类推，我们增强了成文法的活力和权威。以这样的方式使它为我所有，而不是期望它通过自身发展，"纯粹地自我运作"。

类推以具体语境为导向，尊重字面意思和既有理解，拒绝概念上升，承诺在法律源初的真实政治世界的精神和语汇中寻求指引，承认具体问题上的利益和关注是可争论的、派性的，因而并非一种完美的实践。甚至作为一种司法审判方法，它也绝不完美。为了理解它为什么不完美，并且理解这种不完美意味着什么，我们必须看到有两种宏大的理想支撑着它，也修改着它的进程。第一个理想关乎关怀，要求我们将诉讼当事人看作活生生的人，看到他们的脆弱和期望。第二个理想关乎承诺，要使判决有助于自由人实现自我治理的更高目标。我们总是足够幸运，可以通过坚持司法判决的标准方法来为这些理想服务。然而，忠诚于理想有时需要背离标准化实践。这种背离对第一个理想而言意味着偏离公正，对第二个理想而言则意味着偏离司法治国（judicial statecraft）。

116　　任何一种文化的道德生活大都是由不同社会角色相互之间的道德主张和期望组成的。我们依赖社会角色形成有关合理公正行为的观念，这种依赖性适用于自选角色（chosen role），同样适用于先赋角色（ascriptive role）。尽管我们很难从哲学家的道德论著中猜出这一点，但是与社会角色相关的期望正是使得行为常规符合惯常观念的主要领域。因此，这些期望就是习惯法在现代社会中的主要遗存。

　　在制度安排符合一定现实尺度的民主国家中，法律既非极度不平等的牺牲品也不受殖民统治的束缚，因而通常都会符合这些先在的要求和期望。当然，法律也可以用来改变这些要求和期望，随后再遭到拒绝。然而，在民主制条件下，只有当道德的和政治的敏感性发生冲突，从而打开了法律能动性的空间时，才有可能出现这样的情况。

　　因此，司法审判的典型语境论和类推方法通常都能够安抚以社会角色为基础的公平观念。法官可以让当事人在社会世界中所确立的道德期望和类推判断的目的性实践产生联系。

法律有时会公开指示法官这么做，通过使用一些目的开放的标准，如合乎常理（reasonableness）、显失公平（unconscionability）、善意（good faith），或是援引交易习惯和商业惯例。更多的时候，法官即便没有得到这样明确的指示也会如此行事，将之作为在产生法律的社会文化语境中解读和重述法律的正当努力的一部分。

然而，法官和当事人并非总是如此幸运。适度、机敏、善意的法律解释会导致待决案件在法律命令和道德后果之间产生尖锐的对立。这种对立可能是法律故意制造出的可预见的直接后果，例如通过改革家庭法来颠覆现今家庭生活中以社会角色为基础的期望。毋宁说，若不威胁、不假装威胁某些社会制度化结构，法律和习惯的隔阂根本无法弥合。

问题不在于是否有意地制造了习惯和法律的分化，而是如果不去显著扩大冲突的利害，分化就无可逃避。比如，在合同法中适用经济胁迫规则，宣布不同社会阶层间缔结的所有合同通通无效，我们就会发现自己理想化的关怀是在以一种不安定的命令，颠覆和重构整个社会秩序。

在某些情况下，法官可以而且应当行使这种命令，以便政治机构和公民组织也能如此；随后我将在司法治国的例外中讨论该问题。然而，就大多数情况而言，这项工作超出了法官合法有效的任务范围。如果他们执意如此，就有可能受到某种需要的驱策，在雄心和对一种拙劣而随意的改革主义的谦卑

117

之间做出折中，后果善恶各半。

　　然而，在另外一些情况下：法律和习惯之间确实存在严重分化，可能既不符合法律本身的规划，也不是它可以预见的结果。法官可以采取一种临时补救办法，使社会制度结构保持不受影响且免遭威胁。这就是机会平等。平等矫正的微观例外论（microexceptionalism）是社会角色背景下的一次权利重制，是法律对习惯的罕见牺牲，是在日常经验中化解痛苦的尝试。这个尝试不考虑痛苦的总量，只是从一个具体事件、一次现实遭遇出发，是法官对当事人在人性层面做出的回应。这个权宜之计不应长期存在，更不能持续发挥作用。它是标准化司法实践的例外，却应当是被更广泛的实践观点所包含的例外。

　　前文讨论了司法能动主义（judicial vanguardism）的虚弱性，其中的全部理由都可以用来说明，民众自治的理想通常可以将谦抑的标准化实践当作最佳的司法保障。可耻的波拿巴主义法界精英们声称要保护大众免受自己无知、愤怒与自私之害，不过是空头支票。即使它明智地选择了民主进步的路线，却常常发现：由于缺乏权力和合法性，无力应对产生了大量不利条件和排斥后果的制度化结构；在自身神圣化的同时逃离了终极目标；受误导而帮助实现了需要扶助的群体中不值得扶助的部分利益；它的专断和任意维护了不利条件的混乱和分化；实践结果和杂乱的纠正措施一样收效甚微。此外，试图通过个案推动历史进步，这是将当事人的难题全部系于冒充上帝的教士，从而常常侵犯到人类关怀的理想和民众自治的理想。

然而本书的论证也表明，在某些情况下，法官可以接受大
众自治理想的启示，恰当地发挥自己的作用，以建构性解释这
把利剑斩断法律中的戈尔迪之结。司法治理行为的正当性取
决于这样一个基本条件，即权利享用（特别是构成民众自治
体系的权利）上存在着根深蒂固的障碍。称其"根深蒂固"，
是因为它抵抗了来自常规政治经济手段的怀疑和挑战，致使
受害者凭借自身努力根本无法摆脱。这一障碍有两个主要
变体。

这个障碍尽管是由特定实践引发的，却有可能在某些群
体经验中弥散开来。政府政治部门对此无以应对，通常是因为
反民主的污点沾染了形成该部门的制度安排，例如选举实践
或传媒获得途径。补救之策在于对法律大胆改造，无论是宪法
还是一般法律。这种对护民官权力（tribunician power）的篡
夺等于是为了赢得支持而赌博。只要下层改革者能够诉诸具
有广泛社会基础的公众意见，这种篡夺的有效性和合法性
（二者相互交叠）就能因此得到极大的增强。改革者若是能够
参与到法官干预社会生活的组织化运动中，也可以达到同样
效果。在进步主义法学的全盛时期，美国联邦法院和民权运动
及此后女性主义运动的合作就是最好的例证。

或者，这个障碍也可能囿于特定组织或特定社会实践的

权力结构当中。大众自治理想的败坏似乎并不那么明显。然而，在更微妙也更有限的形式中，它对个人和集体自决能力的削弱却异常阴险。解决的办法在于综合实施的结构性偶发干预。

需要建立一个特殊的政府部门，比传统司法部门拥有更加民主的可问责性，拥有更多的研究、技术、财政及行政资源，否则没有哪个制度化机构能够执行这个任务。然而，聊胜于无，法官可能是目前最好的代理人，至少他们是目前唯一具有相关意愿的代理人。

119　　因此，他们必须去检验自己的权力、权威以及意志和想象，使自己能够推进结构性偶发干预。从事这项工作时，他们需要充分意识到自己作为代理人的不合宜性给自我指派的任务施加了怎样的限制。他们有理由在保持怀疑的同时保持谦逊。他们将会理解，在司法治理的变体中（和其他变体并无不同），提及这个精神是一回事，而召唤精神降临则是另外一回事。

神性放弃：避开当代理论的错误指导

理论成为障碍

在讨论理性化法律分析对审判以外的法律思想有何建设性意义的问题之前，还要克服另外一个障碍：当代最具影响的法律理解对我们的误导。无论理性化法律分析在哪里蓬勃发展，都离不开这个法学流派的意识形态操作。在当今美国，关于法律程序、政治权利和经济效率的各种理论都在提供别样的替代方案，去为政策与原则的表达提供依据或完善建议。前文已经展示理论家们如何在各类情形下主张：既有的法律和法律理解包含了一部分理性化方案，其余部分只需要通过推理性、回顾性的阐释予以完善。批判这些错误观点最好的办法就是去批判它们真正的对象，即理性化法律分析，无论其是否经过了精雕细琢。

此外还有一些思想观念也发挥了阻碍作用。它们给予了法律本质、法律和社会生活方式及社会思想体系的关系更为广泛的关注。过去几代理论家中存在四种相关观点；影响或大或小大，但都塑造了"法律和法律思想能用来做什么"的观念。第一种理论认为法律规则的不确定性或可操作性才是法律推理的核心问题，对法律推理中自由裁量的态度时而极端，时而又想加以驯服。第二种理论（代表人物如凯尔森和 H. L. A. 哈特）则试图区分法律的分析性描述和法律规则的内在实践，并以此使理论与意识形态择清纠葛。第三种是功能主义理论，认为法律直接阐发了社会生活在功能上的实际需求，或者是回应这一需要的工具。第四种是历史法学或称法律文化论，认为法律是民族形成和生活的外在表达，因为每种法律秩序都代表了一个民族的独特存在。

我们必须摆脱这些理论套路，它们已被幻觉污染，会把我们引向歧路，错失变革机遇；它们也会抑制人们对可能性的洞察和体悟，导致我们在理解社会存在及其法律、法律思想的现在与未来时愈加迷茫。

不确定性的极端化

在现代法学理论的发展史上，最引人注目的是法律规则的不确定性和可操作性，再没有其他问题能够引起更持久的关注和更广泛的讨论。19 世纪末以来，对法律推理的主要方式所采取的基本研究形式，是要认识规则弹性和自由裁量的核心要素。努力拯救并巩固法律思想领域内的理性重建（对相关政策和原则的主张是其最晚近形式），是通过一系列策略性的承认和规避完成的：放弃一部分早期立场，同时为剩余的部分构筑更具防御性的屏障。值得注意的是，这些新的发展在普通法国家和大陆法国家有着同等程度的体现，而且已经超出了这些主流法律传统，在伊斯兰法、犹太法和印度法的内部辩论中也引发了共鸣。

在理性化法律分析最为坚定的反对者看来，这一发展的最终结果就是不确定性的极端化。从给定的法律素材入手，借助既有的法律论证方法及解释模式，我们能够根据同样的合理性，为某个特定问题推导出完全不同的解决方案。可见，我们所选择的只不过是自己宣称要去发现的东西。对这种言论，主流法律思想家们以捍卫者而自居，保护着合理的适度性和适度的合理性，反对理性主义的滥用和怀疑主义的放纵，反对盲目的法律类推，反对不负责任的法律意识形态。

然而，不确定性的极端化是一个错误，不仅是法律和语言上的错误，还混淆了那些极端的不确定论者的辞与义。不确定性的极端化是思想长期发展中几乎不可避免的命题，它使我们意识到相关讨论早就出现了问题。

假想一场对话，一方是不确定性极端化的拥趸，另一方是为理性重建坚守最后一道防线的守卫者。守卫者说："不要指责我幼稚地相信了一种粗浅的语言理论，认为语词和事物之间存在着不证自明的对应关系。我只是主张，我们能够以一个共同的世界或者共享的传统为基础，相互传达意义，即便这个世界或传统中存在着断裂，即便这个世界或传统仅仅包含了我们和对话者的一小部分经验与价值。事实上，你们当中的有些人已经指出，人的意识通过一种隐蔽的形式，使人们能够固定并传达意义。这是很有启发性的观点。我只是不同意你们对此做出的评价，而且我希望通过反思和对话来加以改进。极端的不确定论者肯定也会同意，人们是可以相互传达意义的，你我之间现在不就在做这个事情吗？"然而，极端的不确定论者答道："你误解了我的意思。我从未打算否定意义传达的可能性。我质疑的是这种传达据以发生的制度和意识形态假设。我的目标首先是政治上的，而后才是语言学上的。"

这样，我们就可以看出对话的问题所在了。极端的不确定论者很大程度上是在喻指另一个事物：一场有预谋的社会文化批判运动。然而，这场运动既没有装备，也无确定目标，完全是条死胡同。他们被引诱进智识和政治的沙漠，被独自抛在那里，手无寸铁，茫然无顾，力竭毙命。

边际性动摇了标准。18、19世纪激进的改革派想要牢牢束缚法官的手脚，以防他们颠覆立法纲领，篡夺民主权力。极端的不确定论者并未与政党或政治运动形成有机联系，也从未想象自己或盟友在国家权力中夺得一席之地。他们似乎相信，无论谁赢得了国家政治并将胜利写入法典变成法律，都是无关紧要的。而只要法律落入解释者之手，一切都将从零开始，就好像此前一切都未曾发生。

单凭这样的说法，无法把政治得失变成文字游戏。我们必须放弃对运动的比喻，承认法律可以有所作为，承认法律为何关系重大。不确定性的极端化对极端的意愿并未做出准确的表述；将其抛弃后，我们必须继续批判确定性和自由裁量在法律理论中的核心地位。

纯粹法学的理论规划

法律理论中第二个很有影响的错误导向是用分析的方式再现法律，以此摆脱"法律在内容上应当是什么"的规范性论争，也摆脱关于不同法律规则和原则的起因和结果在因果—经验层面上的争论。这种方式直到目前还不时在法律理论史中发挥影响，不过最坚决的表达仍属凯尔森的"纯粹法学"。让我们暂时搁置凯尔森及其更优秀的英国搭档 H. L. A. 哈特的法律推理理论，先来讨论这种要从意识形态和社会学中解脱出来的分析性法律方法的中心思想。

解脱的动力主要来自一种愿望，创造一套专门讨论法律的术语，放弃由法律学说的理性重构实践所产生的理想法律。这种去神圣化（desanctification）的努力产生出了让纯粹法律分析延续至今的力量，然而却因为与一项伪科学的偏见有关而一无所成：通过回避规范性的和经验性的论争而获得知识的普适性与严整性（invulnerability）。他们认为，只要不受或尽量少受纲领性承诺和经验性推断的制约，我们就会变得更加强大。这根本就是一种自我阉割，法律和法律学说的去神圣化运动因而无法产生他们所期望的任何结果。

将纯粹法学的策略同自边际理论和一般均衡分析之后的主流经济学加以比较，会很有意义。经济学同样也试图避免争讼不休的经验性和意识形态假设。（与马克思主义经济学相比，从同一个起点出发，却朝着相反的方向行进，最终硕果累累却又充斥谬误。）纯粹法学以解释上的贫乏为代价换取了方法论上的免疫：分析机制只有从外部获得描述和解释，才能产生经验性判断，只有在外部获得了规划的指引，才能给出政策性结论。但是，总是有人接受怂恿，偏离了这样严格的方法论，反复将它声称已从前门扔掉的东西从后门偷运回来。现在，更危险的是，它那浅白的理论和观点严重缺乏学术性。这样的社会科学注定无法成熟。

然而，较之纯粹法学，主流经济学却具双重优势：一是对剩余下来的部分经验具有极强的解释力，例如自利行为最大化的心理图式；二是数学工具在经济模型的证述中具有非同寻常的作用。法律的纯粹分析由于缺乏这两种补偿办法，就只能是浮泛之谈。

对严整性的误判背后隐含着对方法和观念之关系的误解。

我们无从评价分析性术语对法律描述性再现（以及其他任何事物）的价值，除非它对某种解释性或规划性的努力有用。我们需要更多的真实性，不是理性化法律分析及其理论所支持的那种真实，这恰恰也是纯粹法学不愿提供给我们的。

功能主义进路

第三条错误进路就是以功能主义、进化论以及深层结构理论解释法律和法律史。正统马克思主义是其最具影响力的左翼形式，在法律理论中也具有同样的地位，其中流传最广的保守观点是功能主义解释，以经济学和社会学方法理解法律变迁，认为各种法律制度将不断趋同于某个在实践上最可行的体系。如今，这两个传统有时在"资本主义发展阶段"的概念中被混为一谈，每个历史阶段都有其内在的法律表达，只是缺少了"社会主义"的终极改革目标。

所谓功能主义因素，在于坚信可以用法律安排的结果去解释其产生和传播，特别是看它们有否（独特）能力去满足社会现实生活的必然需求。所谓进化论因素，则在于进步观或趋同论，进化即便不是沿着唯一路径，至少也是趋向一致。所谓深层结构理论的因素，在于认为拥有解释功能优势的关键实体被推定为一个不可分割的整体（如"资本主义""市场经济"），其背后是某种客观规律的力量。

124

功能主义解释如果不与深层结构假设相联系，就会丧失独特性与说服力。同样是思考社会中的法律，我们的方式可以非常不同。例如，我们认为功能优势是从制度和意识形态素材中刻意剪裁出来的结果，而这些素材只是由一系列松散关联起来的冲突、革新、混乱偶然产生的；制度性秩序并非一个整体，革命性的改革——对形式化结构加以逐步改变——才是它们的标准变革模式；结构功能的作用力和偶然事件的反作用力相互叠加，从而给意志和想象留下一大片模糊的可能性领域；人们可以对社会进行规划，以便加强或是抑止这种令人意外的重塑性权力。

我们将批判的矛头从功能主义、进化论、深层结构理论的法律研究方法转向它们所代表的社会理论。我曾在其他著作中详细讨论过这个问题，试图表明这种批判绝非要走向不可知论，而是要为理论化的想象开创一种别样的风格，抛弃为历史必然性进行辩护的解释理想，转而关注变革的自由。

需要特别重视功能主义和深层结构理论运用于法律时的一个特征。正是这个特征表明了功能主义必然论何以错过了法律史研究中最有趣的部分，即现代法律思想的自我颠覆在整个社会历史研究领域当中为何有助于质疑并解除功能主义和深层结构理论的关联。该特征体现为以下相互联系的两点：①坚信那些假想的制度体系（资本主义或市场经济）是真实且不可分割的，在"适者生存"的功能主义舞台上成为最终的赢家；②坚信存在一个实在的权利体系——尤其是契约和产权，以及各种不受管制的财产权利。这类权利被认为是功能进化的产物，也是"市场经济"或"资本主义"的必然形式。依此观点，各个资本主义社会或市场经济之间的差异不过是在同一个进化方向上次要的、暂时的多样性。

但是，经济活动的历史越来越清楚地表明，不同的经济制度可以产生相同的经济结果。同样，法律史和法律思想史也表明，依据对社会生活特征的形成起到决定作用的后果，同样的制度概念（如市场经济、资本主义、私有产权）可以转化为另外一套法律制度安排。二者如今愈发相似。只是因为我们尚未将它们联系起来，进而发现其内在关联，功能主义和必然论才能至今保留着理性的伪装。

例如，在面对乡镇企业这种公私混合管理模式时，如果先入为主地认定市场经济必然向着一套边界清晰的最佳实践模式演进，那我们便会轻易将之视为市场原则采取的权宜之计。倘若我们把现存制度看作更大的、更模糊的制度形态集合下的一个子集，就不大可能给出这样的结论。这些截然不同的信念不仅影响着我们对发展的理解，也会鼓励或阻碍这些发展的产生。

相反，离经叛道的成功制度在全世界遍地开花；选择偏离常轨往往是成功的部分代价。这使人们更不会将制度失范（the institutional anomalies）看作对经济政治组织标准形式的背离。我们开始将每一次偏差都看作一个可能的新起点，看作一次又一次的实验——实验源自偶然的妥协，承受着夭折的风险，却蕴涵着潜力，准备去为国家发展开辟出不同寻常的道路。

此外，短期成功在后续发展中，可能成为一副价格不菲的镣铐。以东北亚经济为例，企业和政府结成了社会精英的权势联盟，或许成功地保持了经济增长，特别是在全世界尚处于半熟练的大规模生产时。然而，在工业发展要求更高水平的灵活性、知识及工作团队的自我指导时，这类政商联合就暴露出短板，并且呈现出某种破坏性。

我们必须根据实现持续成功的可能条件采取行动，以防国民经济陷入僵局，从而无法对世界经济走向的变化做出相应反应。持续发展的一个关键是如何调和合作与创新的关系，在推进合作性制度安排的同时，尽可能减少对创新的妨碍。因此，在学习如何分化重组财产权方面，我们冒险开展实践，以便各方经济参与者获取更多的生产资源渠道，同时限制对他人实验的否定。比如，我们可以建立一种有利于合作性竞争的财产权体制，因为它认可对生产资料的多元诉求，同时剥夺剩余的"所有人"做出最后决策的权利。

以这些关注和发现作为反思的角度，不难发现功能主义法律解释的多面性和种种缺陷，同时它所表现出来的决定论和趋同论倾向也是一个错误的起点。此外，我们对这个错误的

存在产生了兴趣，因此也基于对它的了解（实际并不了解）
而有兴趣采取行动。制度安排的所谓"自然选择"来自某个
历史时期偶然产生的素材；一边是先行存在的利益或迷信，另
一边是对权力或优势的欲求，所有成果都是二者的潦草妥协；
检验成败就是用一件可用之物去试验另一件可用之物的优劣；
选择一种经济制度就是选择一种生活方式，而前一个选择已
经足够复杂了；短期成功和长期发展南辕北辙；背离标准的组
织模式，要么是局部的改变，要么是替代的起点；而且对替代
性方案的思考——尤其是特定法律形式的思考——影响着我
们支持和实施它们的能力。

法律思想不再仅仅是上述发现的被动牺牲品或受益者，
而是参与书写这些发现。法律思想最初力图在法律固有内容
中寻找到一种能够符合自由政治经济秩序的概念。而自19世
纪法律科学全盛以来，这个理想却在法律思想的帮助下被逐
渐否弃。通过不断侵蚀财产权的概念和更具一般性的个人和
集体自决权利的既存观念体系，法律思想已经摧毁了功能主
义必然论进行制度讨论的某些前提假定。

历史－文化主义进路

第四种错误的理论导向就是对法律进行历史主义和文化
主义的处理，将法律看作是民族生活的独特述说和民族传统

的有声表达，以耶林的《罗马法精神》为典型代表。该进路的影响虽有限且分散，却仍将我们环绕。功能主义和历史主义有时会相互结合，将那些不同的、难以更化的民族政治文化，归结为令民族走上独特发展道路进而展露功能优势的原因。也就是说，美国人、日本人、德国人都有适合自己的一系列组织形式。独特而有机的生活方式渗透于法律的方方面面，演化为法律传统，并且（至少在强势的历史主义观点看来）成为法律研究的中心议题和法律历史的主要角色。

这种法律理想视法律为独特生活方式的表达，因而过分夸大了法律的文化阐释的整体性和一贯性，遮蔽了文化的构成性特征。例如，若把当代日本的终生雇佣制及其所支持的劳动法实践理解为厌讼文化的产物，我们就会讶异地发现，这一制度不过是商人、政客和官僚运用保守治理术所进行的一项非常晚近的发明；它形成于历经数代的激烈产业冲突之后；其形成条件和副产品之一就是日本工人被明显划分成有保障和无保障两个群体。

任何一种文化——无论古罗马文化还是当代日本文化——都与这个例子类似，将社会管理的一千处细节进行一千次重复。制度成了人的二阶命运（a second-order fate）。它要得以形塑和稳固，必须经历一段由斗争和妥协、停滞的认识和武装的幻想所织就的令人不可思议的历史。人们忘记了这场战争带来的苦难和悲痛，并将之重新想象成一种文化。

这个事实之下潜藏着一个永恒的特征，它体现在我们与我们活动于斯的制度和话语语境的关系当中：我们的洞察力、欲望以及联合总是多于被制度和话语所支持或防范的部分。因此，即便处于一成不变且无所不包的社会文化，人们也具有一种双重意识。他们似乎受到了常轨和虔敬的控制，实际上却从未彻底屈服，而是隐秘地在内心有所保留。一旦既定秩序受创，他们可能会突然抛弃掉先前那些似乎忠贞不疑的信仰。

这种双重意识结构对解释法律和法律历史有着重要影响。它对每种法律秩序的例外情形、补偿性的解决方案、剩余与"错误"都带来了非同一般的益处。那些过去的或被拒斥的解决方案、次要的利益以及未被选择的道路，都是双重意识中隐匿的、相反的那一面得以发挥作用的素材。它们中的任意一个 都可能成为在法律领域中迈向普遍性替代方案的起点。因此，它们从过去智识和政治上的尴尬，转变成了智识上和政治上的机遇。

随着反对功能主义必然论的理由日益增多，历史主义在当代历史所犯的错误愈显荒谬。世界范围内各种文化的相互模仿，再加上为了取得实践上的成功而从世界各地攫取并重组各种实践，产生出一种无情的压力，逐渐剥除了民族认同的传统内容。这些认同变得抽象起来：它们从稳定的习俗中脱离出来，清晰地界分了不同的生活方式。求异的意志比实际的差异更为持久，并且随着后者的衰微更加顽固。习俗可以妥协让步，抽象的集体认同却不能够。历史主义将自己的威望借给了民族主义的自欺，由此从一场幻想演变成一场危机。

神性放弃

拒绝了法律理论中的种种误导之后，是否还需要一个可以立足的平台？全面的规范性和解释性法律理论需要一整套关乎社会和人性的系统学说，既可以为当下提供解释，也能够对未来进行规划。断言"宏大"理论不必存在，并在思考中将可能的未来与习熟的过去混为一谈，这是非常愚蠢的。我在其他著作中论证过，能够解释我们自己而又无损于自由的工具就在手边，凭借这些工具，我们可以认识各种想象性的和制度性的结构所带来的形塑作用，同时又不会受累于常以非连续性结构观为伴的决定论，并且通过重新设想实践模式和未经检验的前提来推进民主规划。未来的社会理论需要超越功能主义和深层结构理论分析的联姻，正如未来的民主需要超越社会民主主义，同时前者也必为后者指明道路。

但是，执着于建构一整套解释和理想的系统话语，将之作为我们社会想象中唯一可能的发展道路，这恰恰是一种教条。本书试图开辟另外一条进路，更加贴近人们实际参与的论辩和冲突。本书抓住了一个特殊的问题——如何理解理性化法律分析这套影响巨大的实践性话语，并在理解之后如何加以

改造。论证始于我们身边的制度和意识形态素材，且努力在民
主规划这个当今世界最具权威性的政治理想系谱中获得指引。
我试图自上而下、由内及外地进行全方位论证。本着这一精
神，前文对种种理论误导所持的批判态度，正如教父神学家对
待神性放弃（*kenosis*）的态度：全部清空。神性放弃为肉体牺
牲做好准备。我们的空间，则要准备用我们所需的理想以及我
们能付诸的实践去填充。自我意识可以为系统服务，也往往必
须为之服务。

法律分析作为制度想象

修正法律分析的目标

前文对理性化法律分析的讨论隐含着一套相互联系的标准，指引、评价着审判以外的法律思想的重新定向。这些标准聚合起来，便形成了"法律分析作为制度想象"的理想。

因此，我们所需的方法就必须摆脱制度拜物教和结构拜物教的迷信污染。前者是指对抽象制度概念的认同，比如市场经济、代议民主；这些概念不过是制度安排的偶然剧目。后者是前者的高级副本：没能认识到制度的和想象的社会生活秩序在边界和内容上均有不同；也就是说，对违抗、改变结构的行动和思想自由，二者所施加的约束是不同的。这个方法有助于发现并解决当代法律和政治的纲领性立场的内在不稳定性：承诺忠诚于理想，同时又默许制度安排去阻碍理想的实践、削弱理想的意义。因而，必须抓住思考理想/利益与思考制度/实践之间的内在关系。做到这一点，就能从更广泛的民主规划理念以及更具体的公开理想/利益中获取动力与方向，因为经过适当阐释的民主规划，不仅最有力地凝聚了各种理想，也是我们最可信赖的道路，将我们为理想的奉献与对物质利益的追求协调起来。为此，该方法亦应充分利用法律和法律思想，使之详尽地表达实践/制度与利益/理想的关系，详尽地再现权力的现实与期望的话语之间的关联。为了调动这些资源，它必须摆脱反类推的偏见；摆脱那种幻觉，即相信理想重建对法律的专断而言是充分且必要的解毒剂；摆脱保守的改良主义（特别是悲观进步主义改良论的种种变体）的含糊与混乱；摆脱对法官及其审判方式的迷恋。它必须以全体公民为首要的、最终的对话者。它必须将自己在民主体制中的任务确定为民主的现状与别样未来而展开对话。

图绘与批判

这些目标在作为制度想象的法律分析实践当中聚合起来。该实践包括两个辩证相互联系的阶段：图绘（mapping）与批判。"图绘"是指对缺乏活力的低水平法律类推的适当修正，法律在这种分析形式中只是一堆无法形变的东西。图绘试图与由法律表达出来的社会理想建立联系，从而详尽描绘由法律所界定的社会制度的微观结构。分析实践的第二阶段称为"批判"，它修正了被理性主义法学家所嘲讽的那些转变为意识形态冲突的法律分析。法律详尽再现了社会的制度安排，这些制度安排有可能阻碍或落实了公开宣布的理想或纲领；批判的任务便在于考察二者之间的相互作用。

图绘是要探究由法律详细界定的社会制度结构。如果认为这个结构显白易见无可争议，可以不带任何理论前见地被描述，那就是幼稚的实证主义。图绘的关键在于进行烦琐而详尽的法律制度分析，从而用一套新的前见取代旧的前见。

所谓"新的前见"，就是法律分析修正实践第二阶段的立场，即批判的立场，两个阶段由此紧密联系起来。这种联系是辩证的；也是内在的。以批评为目的的描绘，将社会制度的形成及其为人之联合所制定的教条展示为一种令人惊异的独特结构，特别是一种能够逐步修正的结构。秩序与信念的既存制度体系一方面限制我们去实现那些公开的社会理想和公认的集体利益，一方面给这些理想和利益添附了一层隐晦的内涵。

旧的前见否定了批判的可能性和意义。它们认为，大多数延伸开来的和已被接受的法律和法律认识要么表达了一种内聚性的（cohesive）道德和政治观点，要么就是表达了一系列实践需求或与法律相似的进化序列。

当代法律和法律思想中有一套反对批判的抽象说法，具有非常可观的影响力。这就是前文提到过的二流的洛克纳主义。请记住，这种早期的、粗糙的、遭到否定的洛克纳主义制造了两种法律的对立：一种是在政治之前就存在的法律，是公认的、既定的经济政治组织（"资本主义自由民主制"之类的）所固有的法律结构；另一种则是在法律的核心结构中代表了将毫无原则的、受派系利益驱策的、再分配的政府干预。这是为洛克纳主义的美国著名支持者及其欧洲同伴所拒斥的版本，尽管拒绝得还不够明确、彻底。洛克纳主义依然存在，并且正在生产一套稳健的抽象观念去阻挠图绘和批判。这个版本的洛克纳主义旨在将向派系利益或观点做出的让步区分于对去人格化道德和政治见解或实践需要的表达。必须将表达从让步中解救出来，而且理性化法律分析正是在援引前者、谴责后者的基础上发挥作用的。

当代政治语言通常会将这些抚慰性的意识形态抽象观念，或多或少地直接叠加到特定组织化利益所做的低水平承诺上。往往很难说清这种抽象观念究竟是给追求利益饰以意识形态伪装，还是使人们的利益追求迷失了方向。我们缺乏的主要是政治话语内核：在制度和政策变迁的替代性路径上的中间立场。图绘和批判相结合，任务之一就是去协助开创这个立场。完成该任务的必要条件之一在于，必须克制住想要将既有制度和法律加以理性化或理想化的冲动。

我们可以期望通过图绘实践获得何种见识呢？这里以传统财产权及其许多例外的关系为例。财产权汇集了分配给同一权利人的许多权能，是现代权利观念的典范，也是将多元权利主张配置给资本的核心机制。但是在当代法律体系中，我们发现很多法律和实践领域解决问题的办法与这套权利逻辑背道而驰。例如，政府在农业上与农民形成合伙关系，分解了产权并限制了财产所有者的绝对性权利，以此换取各种政府扶持。在国防采购业中，甚至战时资本主义的条件下，都可能会发生这样的权利分解，以公共权力和私人生产的协作形式表现出来。随着当代资本市场的发展，我们看到在某些领域中，原来那种宽泛的财产权不断分化出多种新的市场类型。于是，情况似乎是这样的：主流机制被越来越多的例外包围。但是，即便传统财产权即便较之现在更加动摇，也将继续占据核心位置，以保障资本去中心化配置的其他普遍形式所控制的空间。例外情况大量存在，预示了去中心化资本配置的替代性方案终将取代单一财产权。这便是人们可以希望通过描绘来发现同一性和多样性相结合的一个典型例子。

法律分析修正实践的第二个阶段是批判。公开的社会理想和纲领性承诺以及公认的群体利益，与限制前者实现又赋予其新意的具体制度安排之间，可能存在不协调的地方，这正是批判所要进行的探索。

现在，描绘与批判的关系就体现得更加清晰了。描绘为批判提供素材，批判则为描绘设置视角和议程。我在阐述法律分析的修正实践时，并没有为批判划定范围。要想理解并引导批判，必须跳出道德和政治辩论的语境。不过，与其现在就解决这个问题，毋宁认识到无需具备充分的信心，就能以这种方式着手修正法律分析实践。可以证明，我们有能力获得一种较少受历史束缚的判断模式，而与此相关的宽泛立场也能和重新定位的方法保持一致。此外，新的实践本身就可以超越道德和政治论争，让我们看到不同权威观点之间的相对优点。[1]

现在我们可以考虑沿着某些路线，对当代法律和法律思想境况做出反理性化的回应。第一项任务——即图绘的任务——是要将既存制度状况理解为复杂而矛盾的真实结构，这是人们从"混合经济""代议民主""工业社会"等抽象概念中推测出来的令人陌生且意外的结果。据此观点，法学家应当去放大对现实性和可能性的集体意识，效法艺术家，将熟悉的事物变得陌生化，将我们对自身境况的理解还原为某些有关转型机遇的失落感和压迫感。

图绘的重点是在法律和法律思想之外为政府、经济、家庭绘制一幅制度图景。这是一项艰巨的任务，因为素材本身不会显露任何特定的图像。我们想要一幅怎样的图景呢？首先，我们需要一种视角，与理性化理据形成对照。要记住，这种理性化理据想要拒绝一小部分法律素材，以证明一大部分法律素材体现出相互关联的性质。法律的理性重建证明并阐释了法律的大部分内容及其被普遍接受的理解，既是对不断发展的道德和政治观念体系的表达，也是不可抗拒的功能需求的结

---

[1] 对于理性主义和历史主义的折中运动的讨论，参见后文第170~182页（页边码）。

果。可以肯定的是，我们所需要的视野服务于作为第二步分析实践的批判：当我们看到法律当中的不和谐，看到政策和原则所表达的理想，或纲领和策略所表达的群体利益，因为它们接受的制度形式而难以实现且丧失了意义，这就是我们进行批判的时刻。

前文举出的很多例子都可以说明如何进行图绘：在当前法律和实践中，我们可以看到单一财产权观念的部分替代方案；传统审判方法和综合实施的结构性偶发干预之间的关系；实质性平等保护及反歧视法律中的种种不和谐；以及更普遍的，当代法律的辩证结构在每个法律部门中所体现出的权利二重性——既有个人选择与民众自治的权利，也有确保个人与集体实现自决的权利。

我们是否需要成熟的理论、社会解释实践、纲领性思想及其与社会解释之关系的概念来指导图绘呢？答案既是肯定的，也是否定的。我们需要思想去发展和阐明法律分析的修正实践，但并不需要用理论来启动图绘。

我们已经有了两个出发点：一是去激化那些公开的社会理想或政党纲领，使之突破既有的制度约束，同时改造它们的内涵。二是去否定当代法律的所有理性化概念和解释。

因而，图绘并不会幼稚到去接受一个低水平法律类推和法律评注的图景，将法律视为各种不成形的、不加整理的堆砌物。基于对批判的预先承诺，它要求对这种情况彻底重绘，图绘与批判形成了辩证统一。不过我们也不必认为法律的低水平类推毫无意义。它使既有的法律和法律理解（进一步）摆脱了理性化的符咒，摆脱了麦迪逊主义者的狭隘观念；同时也表达出对某种法律观念的持续渴望，法官和公共知识分子可以据此观念毫无障碍地开展行动。

　　什么时候更有可能出现批判，是在图绘主导法律文化时，还是理性化法律分析施加控制时？要回答这个问题，我们必须记住，图绘与批判不可分割，它们是同一实践的不同方面或不同阶段。图绘为批判提供素材，同时也就为批判提供了条件。而且，作为一种实践性事务，只有在我们能够对抗理性化失控的历史情境中，才有可能形成这种朝向转型的分析实践。因为在法律以及相应的政治和社会思想领域中，理性化不但神圣化了我们的制度，也庸俗化了我们的理想。当然，由此为图绘者与批判者搭起了施展身手的舞台。

想象自由社会的别样未来：
拓展型社会民主

替代性制度未来的观念

135   让我们来想象一下图绘与批判如何利用当代法律和法律思想开展实践。假设它跳过了所有中介性、过渡性的步骤，将各个阶段都推进到了未来。我们将对可预见的社会民主发展提出一些替代性概念，正如在北大西洋世界已经得到普遍理解而且已经着手的部分实践。以下是三个这样的概念，虽然只是简单勾勒，而且与当前制度安排相距甚远，但或许有助于揭示政治承诺隐藏在一律性面具之下的多元样态。这三个纲领均不在左右两翼的光谱之上，甚至与所有根据政治倾向组织起来却无视当下境况的阵营都毫无关系。激进主义和保守主义的真正分歧与其说是国家主义者和反国家主义者的不同政治承诺，不如说是以下二者的差别：一方想在政治经济的传统制度框架中实现当代政党的政治纲领；一方想要修正这些框架并因此重新界定纲领性承诺。

对经济竞争的承诺，在我们所熟悉的政党纲领中，右翼将之与再分配和机会均等的目标相联系，而左翼政党将之与既定经济政治制度安排的认可相联系。麻烦在于，一旦这些制度安排拒绝任何改变，左右两翼的纲领目标就都行之不远；它们将会失去重心，尽管可以在此时此地对某些人施加扶助或损害，却无法为社会提供清晰的选择。如果我们接受了既有的制度框架，就不能过分认真地对待左右分歧。我们必须削弱、压缩它们的纲领性承诺。

然而，假设我们愿意为单一财产权寻找替代品，以便更好地协调去中心化的经济决策和规模经济。或是假设我们认识到税收转移不过是在事后补偿经济运行的不平等，因而承诺通过经济重组的方法去实现再分配目标。那么，无论是激化还 136 是压缩我们的纲领，我们都将放弃传统的左右划界，尤其是以对待市场及政府征用、分配和监管的不同态度作为判别标准。

传统意识形态上的左右差异如此微薄，几乎不会让人感到任何意外，因为这些差异都是当今时代真正主流政治纲领的变体。无论是通过加速革新和重组来增强社会生产力，还是将个人从社会角色和社会等级的壁垒中解放出来，都需要具备一定的制度条件，主流政治纲领试图寻找的制度安排，就是要在两种条件的交叉地带上汲取资源。在一种颇为流行的观点看来，政治哲学的主要任务是要确定一个（更深刻或更中立的）立场，由此去裁决相互冲突的各种理论、意见和利益。但是，政治哲学的首要任务则可能是要彻底扫除错误的、肤浅的意识形态对立，更好地去寻找将占主导地位的单一政治纲领加以多样化的方法。探索一条超越政治纲领的、脱离常轨的替代性路线，这是第一步。民主未来的多样性并非问题本身，而是任务和解决问题的办法。在宣称去平息那些似是而非的意识形态冲突之前，我们需要把握某些观念，以助于更加慎重地制造意识形态冲突。

接下来我们讨论自由社会的三种未来，每种都为民主进步的可能路径，刻意描绘了一幅模糊的图景。它们将关注点从法律权利的有效享用转移到制度修正上，从而各自描述出一种独特的方式，推动如今停滞不前的法律思想继续发展。我对这些道路的描述都与既有的制度安排大相径庭，由此更好地显示出其中的独特性。方向比路程更重要。我们能够通过诸多过渡环节将各种背景与此时此地相连接。反过来，我们也能将这些过渡环节逐一展示为一系列制度创新和一整套阶级或群体联合；创新与联合，恰恰互为表里。

不过，在这种表里对应中存在着一种至为关键的不对称性。要改变社会制度安排，以形成群体联合，就既需要利用政府权力，也需要公民社会的自我改造。因而，成功的制度创新就将不同群体间的权宜合作转变为群体利益或群体认同的永久联合。例如，后福特主义的产业改造若能成功，就可以打破大规模生产下的传统行业壁垒，拒绝为投资不足的零售业和服务业提供经济保护，否定技术密集型弹性生产的先锋作用；在发达工业民主国家，它将为民众联合提供比现在更具包容性的稳固基础。

不过，社会联合若是需要持续的制度创新，制度创新就不必以社会联合为条件。制度创新所需要的只是政党的政治行动和制度纲领，使阶级或群体联合成为规划的结果而非前提。如果制度变迁和群体联合不能以这样的方式不对称地结合在一起，就无法理解历史上有意而为的结构变革；历史的辩证法或历史漂移（drift）——前者不可信而后者不可靠——就必须提供有意识的政治活动无法实现的东西。因为，在任何给定的时间里，占主导地位的群体联合和群体对抗往往都倾向于将社会结构制度化，并增加其强度。所以，例如大工业生产中的主力军，即产业工人阶级，就会把由临时工构成的次等阶层当作假想敌，警惕他们争夺传统工业中的半熟练工种和国家福利。他们要去捍卫而非改变自己的社会地位。点燃这场运动的导火索，必须是具有制度想象力的政治行动。

因此，本书在开头部分讨论当今的政策辩论和纲领性对话的迷失，就是在描述同一对话的早期活动，后文我将探讨这一对话的后期活动。作为制度想象的法律分析仅仅是在实践这些对话，它们能够也应当在法律的详细素材中继续展开。

自由社会的任何一种未来都能通过过渡性环节反向连接当下的此时此地，也都代表了对不同生活方式的选择：在个人和社会经验上支持某些形式，同时抑制了其他形式。与那些想要将公正的权利区别于派系利益的主张相反，没有什么制度能在不同生活方式之间保持中立。中立的蜃景妨碍了我们向多元经验保持相对开放的实践诉求，而这一多元经验正是一种偏颇却积极的社会秩序。

138　　制度与精神、实践安排与生活方式之间的关系，对自由社会的三种未来都很关键。因此，就需要在进入每种情况之前首先讨论如何唤起鲜活而独特的精神，继而勾勒具体的制度安排和法律形式，最后通过解决基本的实践和精神问题，推导出我们所期望的制度变革方向。这些难题绝不是未来规划的致命缺陷，而是其生命本身。解决了这些难题，对未来的规划就能更加完善也更加现实地阐明自身的特性。

　　这些遥远的规划既非预言也非蓝图。它们仅仅是通过制度想象，放大了我们所熟悉的社会选择范围，是服务于修正任务的思想实验，比日常的政治法律论辩所能抵达的位置更加向前一些。它们在思想上的不断完善，无法代替对当下的紧迫限制、直接需求以及偶然机遇所进行的耐心修正。然而，通过放大政治和法律想象，我们可以更加坚决地对抗命运和漂移，削弱环境对心智的制约。我们可以更加清楚地看到那些被当前政治承诺所遮蔽的选择，并加入到对这种幻象的战斗当中。

拓展型社会民主的方向

深化民主的路径之一可以称为扩展型社会民主（extended social democracy）。在三种民主重构的进路中，这一个对传统制度安排的破坏性最小。因而在精神信念和道德要求方面，它也就最接近于在当今发达工业国家中占主导地位的那种情感。从政治创新的角度看，这条发展路线的收益要小于其他替代性方案，但是作为对当今工业民主国家发展趋势的拓展，它的收益又会成比例地增加。

激发拓展型社会民主的核心观念在于相信个人生活经验是一种特权：个人有能力定义并执行自己的生活规划。政治——政府政治和政党政治——不再是带来巨大变革和强烈愿望的可能性源泉。即便成功，它所走的也是一条曲折小径；目标仅仅是确保效率和公平，以及为有效的个人行为提供社会准则。

拓展型社会民主的法律与制度形式

界定拓展型社会民主的一系列制度技术与调和继受优势 139 和不平等的承诺有关。不但要严格限制财产的继承移转，还要为个人提供一揽子的社会资助（既包括权利方面也包括资源方面），以免人们遭受极端的经济危机之苦，并且要提供种种办法让人们开辟自己的人生道路。个人的社会资助账户一部分由个人自由支配，一部分则依照严格的规则支配，或在规则缺漏的情况下由社会托管方进行干预，用于个人的早期教育、养老金、失业保险及医疗补助。

拓展型社会民主下，政府财政来源于能够最有效支持政府运行的普遍直接消费税。这项税种针对收入与储蓄或投资之间的差额，对适度消费实行较为宽泛的免税，对消费构成中的应税部分适用高累进税率。这在两方面有利于拓展型社会民主的社会经济目标。首先，它化解了税收和储蓄、投资的对立关系。如果确实出现了消费不足，宏观经济政策就会以反补贴手段直接解决。其次，它适用于社会民主人士最希望课税的对象：生活的等级标准和个人对社会资源的占有量。无可否认，它在原则上使得节俭者有了积累财富的可能，因而也就增强了财富聚集产生的经济权力。它通过两个互为补充的方法控制经济权力，从而顺应了拓展型社会民主的目标：一是通过分化资本获取途径来分散经济权力，一是对个人财富无条件课税。财产税和消费税为拓展型社会民主共同规划了财政纲领。它们需要一种税率统一的全面增值税作为补充。这是递减性或区分度最弱的一种间接税，能够确保政府财政稳定，而这是具有再分配性质的直接税种难以做到的。

拓展型社会民主的工具箱中还存放着一套备用的制度技

术，与经济生活中的弹性需求和加速创新有关。拓展型社会民
主注重为独立的经济创新开放各种机会，既是为了推动物质
进步，也是为了促进生活规划的界定和落实。政府参与表现为
两种形式，由此在机遇的分布范围上给企业创造性和个人行
为又许诺了一次质的飞跃。

参与形式之一，政府要为中小型企业提供形成合作—竞
争体制的条件。企业在某些方面存在竞争，也可以在其他方面
进行合作，比如资金统筹、技术研发、商业资源共享，从而确
保形成规模经济。公私合资银行和技术服务机构支持建立
"企业间网络"（interfirm network）。这些建设性的支持手段将
为一种以集体学习为核心的生产模式努力拓展空间，其本身
也会因这种努力焕发生机。学习是民主政治和经济创新的共
同点。

参与形式之二，政府提供继续教育和终身培训的机会。所
需费用由每个人的社会资助账户支付。这对培养个人自主能
力和经济改革的持续进行都大有裨益。为了抵御经济风险，持
续培训的机会不断增加，也就有可能在经济生活中迅速形成
实验主义氛围。这也使人们不再受制于高代价、强约束的工作
任期原则（principle of job tenure）。

在拓展型社会民主中，教育责任是扩大平等和技术创新
共同关心的事务。个人自主能力和经济创新的重组实践都迫
切要求重新设计大众教育。教育内容必须符合以下目标：培养

基本的实践和想象能力。学校教育必须立足于人性和社会的种种可能性，而非囿于习熟的经验和既定的秩序。教育关注的首要性代表着所有民主深化形式的共同承诺之一。

这些争取拓展型社会民主的运动最有可能在法团主义的政治经济环境中发动起来。因为法团主义有助于加强多种建立拓展型社会民主所必备的实践和意识形态工具：高度组织化的劳资联合、国家经济战略的社会议论，以及对国家经济发展战略中政府积极干预的尺度和效用得到社会的普遍认可。

141　　但是，法团主义不用多久也会产生僵化。在法团主义体制中，组织化群体对暂时优势的保护很快会蜕变为对既得利益的保护。整个社会秩序开始变得像各种群体特权的庞大聚合体。暗含在这些特权中的僵化和否定将遏制实践生活中各个领域的创新。而且，由于这些特权分布不均，僵化就意味着不公。

因而，拓展型社会民主在法团主义政治经济模式的推动下形成，同时也成了法团主义体制的解毒剂，用以消解诸多顽固的、不公平的团体利益的特有黏性。群体交易和特权、政治寻租、隐性补贴、效率缺陷共同形成了一个严密的体系，这是当今工业民主国家的特色，尤其是那些最倾向于采取法团主义实践的国家的特色。而拓展型社会民主追求更大灵活性的冲动，就体现为对这个体系的松动和瓦解。

从更为开阔的视野来看，拓展型社会民主纲领似乎综合体现了早期的冒牌自由主义和自大萧条、二战之后发展起来的社会民主承诺。但是，与其说它是上述两种政治方向的平衡点，毋宁将其看作为全面实现自由主义宣言创造条件的运动。自由主义学说关系到经济进步和个人自由的共同基础，它的实现需要努力创造一个和平的世界环境。这就需要重新塑造传统上与自由事业相关的制度。要探究物质进步和个人解放的共同基础，就要对一度赖以保护这个共同基础的实践和制度逐渐进行方向上的调整。

因此，与拓展型社会民主最亲密的法律思想，强调通过社会组织自下而上地、连续不断地创制法律。拓展型社会民主的法律学说不仅把理论和实践输送给那些在政府和个体参与者之间发挥作用的中间组织，而且给以契约与公司为依据的联合赋予了一种特殊的重要性。拓展型社会民主将在生产资料使用与技术和专业服务的领域中会看到多种合资形式的激增：₁₄₂很多原本限制在单一企业模式下的活动现在都将在人力和资源之间进行暂时和集中的联合。

拓展型社会民主的另一块法律阵地是个人的社会资助，而非去中心化的创新实践。个人必须享有一系列保护和免疫措施，相对隔绝于短期政治冲突的风险。基本权利的形而上学话语的精髓在英美传统中保持着实践力量：为基本权利寻求特定的安全防护，不让基本权利遭受日常政治冲突的频繁威胁和搅扰。事实上，一旦这种防护获取了某些可以免除上述危险的方法，它本身也就成了一种基本权利。

　　并非个人社会资助的所有事物都应被当作亘古不变和神圣不可侵犯的权利。在权利的定义中，力量、清晰、稳定等特征走向极端就会要求完全排除公共和私人压力的影响，保障言论自由、结社自由以及参与社会生活的权利。即使是这些权利，在其实践后果上，也隐蔽在某些区域，在这些区域中权利因资源的相对缺乏而必得满足语境所施加的各种条件才能实现。于是，言论自由需要政府的支持，以确保广泛的舆论活动（无论有否组织）能够最大程度地利用大众传媒。但是，任何组织和个人对特定的媒体资源都不享有任何确定的、不可侵犯的独占权。权利的另一极端则是要确定用以保护个人免受毁灭性危机以及资助持续教育和终身教育所需要的总金额。由于满足或发展基本权利而进行的社会资源投资在一定程度上具有相对性，两个极端之间的各种权利诉求就会以此分享界定基本权利的力量。

　　因此，拓展型社会民主的法律理论寻求介于公法和私法、合同和公司之间的权利。同样，在界定个人特权的问题上，它也创立了一套权利混合学说，在某些领域内得到了清楚的标识和无条件的执行，在另外一些领域内也引发了争议（特别是关于权利的重新定义）。这些混合形式直接脱胎于福利国家的法律，所表达的观念即便在既存的社会民主中也是当代法律的基础，即个人和集体自决取决于经验性的因而就是可废止的（defeasible）条件。

拓展型社会民主的精神与拥护者

拓展型社会民主在其精神实质上是一种激进的个人主义。 143
政治变"小"，个人才能变"大"。在经验的前沿领域进行的
崇高而不懈的追求，应当是书写在个人传记中的事迹。如果将
这种追求交给政治，正如拓展型社会民主原则所教导的，就要
以危险和失望收场。重建和复兴的伟大工程必将断送于窒闷
的威权主义，斩断经济文化的创新机遇，唯独有利于自私自利
又假装圣洁的社会精英们。

这种理想给共同的生活习俗带来了不容置疑的（至少是
无可避免的）压力：特别是针对那种将主要精力放在家庭和
休闲方面的生活方式；最先锋、最反叛的文化形式呈现出一种
梦幻风格，似乎是为在世俗世界中四处漂泊的精神大举欢宴；
个人消费花样翻新，愈见精致，在物质层面上直白地复写了这
种华而不实、如痴如醉的精神自恋。在公共生活中享受精致体
面的静谧，在私人生活中享受飞速切换的忧乐，都标志着一种
经济和文化的特权。而普通工人的生计继续面临着贫穷和失
业的风险，在共同体生活的遗骸或源头中寻求抚慰。拓展型社
会民主志在给所有人提供机会，使每个人都有机会去分享到
一种个人式的实验主义。

发达工业民主国家在精神导向和政治趋向上给出了一个具有说服力的事实：对这种民主发展方式的偏爱在社会民主政党中根深蒂固，具有最为明显的集体主义传统。这些政党逐渐剪断了它们与活跃在大工业生产中的工人阶级组织的特别联系。它们发现自己的这一传统票仓所占人口比重越来越小。工人组织局限在经济领域内日渐衰微的生产部门中，被人视为——最终自认为——不过是一个追求自利的小团体而非大众利益的承担者。当进步的工人政党切断了与工人组织的有利联系时，它们就会认为自己别无选择，只能转而关注职业工商阶层的"生活质量"。

尽管该阶层只占一小部分人口，在文化上却占领着优势地位。特别是在服务业、商业店铺和办公室等领域中既无财产又无权利的白领阶层，他们自诩是除最富有者和最贫穷者以外的所有人都可纳入其中的"中产阶级"。制度变革可替代路径的贫乏想象，传统左翼历史决定论的雪上加霜，所有这一切都反过来报复社会民主政党自身。这些政党无力设计出一套方案，推动经济增长，促进制度变革，打破经济领域中规模生产与其他经济部门之间的壁垒，也无力建立起这样的发展路线所要求并产生的政治和社会联合。在这种情况下，拓展型社会民主立志改革，切断了所有改革的退路，即便古典社会民主体制的纲领、策略和联盟全都土崩瓦解，它也能使民主化的动力再度复活。

拓展型社会民主的内在不稳定性

现在讨论阻碍拓展型社会民主纲领的两个基本障碍。它们对民主纲领并无致命损害，而是揭示出需要特别应对的难题。对此予以回应，理想/利益与制度/实践的就不断积累起变化。理解拓展型社会民主的难题，还有一个特殊意义：在激进民主的不同路线中，这条路线最贴近已经在北大西洋世界得以确立的制度安排。通过解决其预期问题，我们可以加深对这些现存的社会实践和精神问题的了解。拓展型社会民主代表了已经在现实世界中发挥作用的某些趋势的发展可能：预测这些趋势的前景，有助于我们将之从那些遮蔽它们的个性及后果的对抗性力量中解脱出来。

拓展型社会民主纲领在落实过程中遭遇的第一类障碍包含了内在不稳定性的一系列变体：正如标准的社会民主一样，这个纲领也受制于公众参与的平等主义承诺与制度保守主义之间反复出现的紧张关系。我们可以降低承诺，放弃无法指望在制度框架内实现的大部分承诺。或者，我们可以激化承诺，翻越制度的藩篱，并且做好准备，根据变革之后的制度安排来重新思考承诺。

发动全面改革需要政治能量，维持政治体制却要抑制政治能量，二者形成了一种紧张关系。这正是拓展型社会民主纲领内在不稳定性的最典型体现。大规模集体冲突会导致政府滥用权力，拓展型社会民主的本质就是要通过个人的奋斗和实验去遏制这一历史再度上演。然而政治能量一旦被唤醒，并且为了落实基本改革议程而长期持续，就很有可能改变初衷。它使民众意识到实现政治抱负需要力量，而这种力量只有在集体生活中通过集体努力才能掌控。此外，社会民主设计要求在每项具体规定中从始至终地保证其完整性。而种种出人意料的和不可预见的危险——各种花样翻新的不平等或派系利益的新计谋——却迫使我们不断设计新的政治行动方案。

如果需要保持持续的政治活力，那么就需要修改拓展型社会民主的指导目标和实践形式。特别是需要一些制度安排，如强制选举、竞选活动的公共财政资助、大众传媒获取渠道的完全开放、限定候选人名单的选举制度（closed-list electoral regimes），共同提高政治动员的社会水平。这些制度安排一旦确立并运转起来，很快便会在政府的组织方式上和公民社会的公法框架内引发相应的变革。

这些额外的变化需要诉诸公民投票和全民投票，行使召集预选的权力，也需要增设政府部门以平缓地推进基础性改革实践。它们将为保障公民社会的自我组织提供一个公法框架：人们原则上可以根据自己的工作、家庭或共同目的和经历便利地加入各种民间组织，如工会、行业协会、邻里协会或共同利益组织，甚至加入一些综合性机构，如同政党争夺政府一样，在其中竞争职位。这些改革积累起来，就会为拓展型社会民主快速重塑出独特的实践机制和明确的精神导向。

拓展型社会民主纲领的内在不稳定性在另一个例子中也有所体现：拓展型社会民主一方面对机会平等做出了承诺，另一方面又追求生产的灵活性。为了协调两方面的矛盾，需要在公共权力和私人生产者之间创造出新的合作模式，同时也要创造出资本去中心化配置的新手段，突破传统产权的局限。生产资料获取途径的去中心化无论对灵活生产还是对平等都是至关重要的。去中心化可能需要结合规模经济，并且要有一套再分配方案来解决反复出现的不平等状况。小产权的经典图景——有时被称为"小商品生产"或"自耕农国家"——在此遭到了破坏和冲击。它不是让位于弱肉强食的急速财富聚集，就是被再分配问题上的均等干预主义踩在脚下。

一边是经济资源的大规模聚合，一边是生产资料、基础设施以及民众对投资的大量需求，改革者要想协调好两者关系，并对经济权力不平等施加有效限制，从而拓宽创新的自由空间，或许只能渐进推动制度革新。在合作-竞争网络中得到发展的企业可能需要以法律形式存在于从合同到公司的连续统一体中。公共企业和公共银行不承担短期盈利责任，但是得以单独或和私人生产者合作的方式进行长期战略投资。这样就能有助于私有企业建立起合作-竞争网络，并且在合作中培育出技术领军企业，以定制的方式生产出能够为其他企业所吸收的机器设备和生产投入。反过来，公私合作的伙伴关系需要发展出介于政府和私人生产者之间且兼具两者属性的组织。这些组织将受到保护，免受直接的政治控制，并在临时或有条件的产权制度下承担管理或分配生产资源的任务。

对拓展型社会民主的制度保守主义来说，这种创新是一种考验。它们表明有必要对代议民主和市场经济的制度形式进行改革，并为接下来的一系列政治经济组织改革打开大门。

为大民众服务的小政治？

现在让我们转到精神层面讨论拓展型社会民主的前进障碍。拓展型社会民主纲领旨在使政治变"小"，使个人变"大"。但是，政治萎缩之后，个体有可能也会萎缩。一旦国家放弃了最后的协调职能，政治能量的焦点将集中到个人身上，集中到那些个人用以制定和践行自主生活规划的活动上去。人们应当培育出强烈而独特的愿望，创新行动与情感，以实现集体利益，发挥示范作用。

然而，愿望和奋斗在本质上彼此关联：它们总是以共存的方式寻求表达。如果拓展型社会民主成功实现了它所宣称的"造就强大个人"的目标，那么个体经验的品质很快就会成为群体生活的属性。人们将会为了彰显他们所珍视的理想和本能而去进行一种实践和联合。但是，他们的欲望一旦表达为某种共同生活方式，拓展型社会民主就会令人大失所望地降格为缺乏活力的社会。这种愿望应当去寻求未来社会的各种替代方案，包括由激进民主提供的另外两条道路所前往的未来。

无论如何，冷却下来的政治将会再度升温。个人生活将会被证明是一个被拘限得过于逼仄的空间，以至于很难从中萃取出任何独特的生活方式。但是，每一次对集体空间的介入都会引发冲突，尤其是围绕各种视野和利益所被允许的相对影响力而展开的政治冲突。

个人对集体声音有着强烈的探索冲动，但进行这种探求的两条进路却都可能会中断，而每种中断都以不同的方式反映了拓展型社会民主的精神难题。由于没有形成强烈且独特的理想和欲求，人们有可能会否认自己对集体生活特有方式的需要。那么，仅仅因为个人对自己的低估，"小"政治的状态也将继续存在。

有两种方式可以打断个人在强烈冲动下对集体声音的探索。每一种干扰形式都以不同方式表现了拓展型社会民主的精神难题。如果人们实际上并没有发展出强烈而独特的愿景和欲望，可能就会否认自己需要不同形式的群体生活。此时，政治就变得无足轻重了，正是因为个人本身已经被贬低了。

抑或，由于一种非常特别的、妥协的、自恋的或自我指涉的强烈欲望，人们身陷主观性的迷宫，转向内在，仅凭个人品味和个人感觉进行实验。这种欲望的可能性为欲望的关系特 148

性提供了一个明显的例外。然而，这是一个令人困扰的例外：缺陷在于它所提供的经验是压抑的，实验范围也是残缺而偏颇的。

　　自恋和自我指涉的冲动无法很好地调和自我主张的双重条件：我们需要与他人接触，同时也需要控制或克服每一次接触所面临的屈服和非人格化的威胁。这种欲望的体验可能服务于一种不稳定和自我颠覆的目的，与更为广泛的自由筹划形成辩证关系。然而，这种经验并不能为我们提供真正的希望，去获取更大的自由和更强的自我控制。

　　因此，政治必须再度生长，以免个人收缩；或者使个人力量和政治空间同时缩减；抑或以自省意识保证个体热情与历史冷静并存。拓展性社会民主在面对理想欲求和制度保守主义的紧张关系时体现出了脆弱性，与此相似，在为其最诱人的理想扩展范围时，它的自身缺陷也反映和突出了一种既定生活形式的脆弱性。

想象自由社会的别样未来：激进多头政治

激进多头政治的方向

激进民主规划也可以走上另一条道路——激进多头政治（radical polyarchy）。较之拓展型社会民主，激进多头政治更为彻底地背离了当代工业民主国家所确立的社会生活方式。但它想要发展出一套概念定义和独特技术，却不大容易获取必备的制度素材和意识形态素材。

激进多头政治的基本思想是将社会转变为多种共同体的联合。这些共同体应该从成员的共同经验和共同承诺当中获取形塑自身的力量，而非根据传统上用来标记身份归属的宗教或民族标准。宗教和民族的继承性当然可以在共同体的自我界定中发挥一定作用，只有偏执的教条主义者才会坚决抵制宗教和民族的界定权。但是据此观点，共同体出于人造而非源自自然，是一种（以后浪漫主义现代方式缔结的）婚姻而非一个种群。共同体必然不能包罗万象也不存在严格界别。它

149

们无法涵摄共同体成员的全部生活；相反，成员们却可以出于生活经验的多个方面而在不同的共同体之间流动。此外，绝大多数共同体都应保持开放，顺应人们在能力、利益及抱负上的交汇。

因此，激进多头政治代表了一种自由主义的社群主义（a liberal communitarianism）。它的理论出发点在于：只有自由主义的社群主义才能切实解决我们这些民主主义者和现代人在工业社会中面临的真正问题。其中的社群主义要素，坚信最重要的社会行动发生在共同生活而非个人生活或社会历史的环境当中。创造的多样性以群体生活样式的多样性为基本特征；只有在一种带有强烈印记却又保持开放的共同体背景中，个体才能真正得到发展。而其中的自由主义因素则主张，在自发努力和自觉选举之前，拒绝相信一切反动的、专断的、包罗万象的共同体理想，特别是那些建立在所谓"自然纽带"基础之上的理想。

激进多头政治的所有特征或多或少都涉及社群主义要素和自由主义要素之间的内在张力。然而，激进多头政治的倡导者却认为这些问题只是不可避免的部分代价。共同体的理想可能沦为乌托邦的工具，对过去加以神化，试图被除所谓个人主义社会的弊病，或是为毫无变化的权力结构诌媚地笼罩上一层柔美的神圣光环，从而带来欺骗和失望。为了避免这些欺骗和失望，我们就必须付出代价。

由于第一种堕落，社群主义拒绝了现代性和复杂性，从而也就是拒绝了个体性和主观性。由于第二种堕落，社群主义极力要在不平等交易中掺杂进一种过度渲染的忠诚，从而反映出等级社会的许多经验。天主教教会和中间派改革家们在两次世界大战之间提出了一种社团主义者的社群主义，得到了涂尔干、桑缇·洛玛诺（Santi Romano）等不同思想家的拥护，但终归因其在既有经济制度和社群形式上的矛盾心理而陷入困境。

非自由主义的社群主义认为，社群是围绕着共同经验和 150 身份融合而组织起来的。对他们而言，社群的对立面是冲突，包括不同利益或经验之间的冲突。相反，激进多头政治却认为社群体现了一种稀薄的爱，是一个鼓励实验、相互包容的场所，降低了人们相互间的敌意。这种社群主义并不会简单地反对冲突，而是将冲突整合到自己的日常生活中来。因此，激进多头政治的制度性和精神性问题都来自其自由主义要素和社群主义要素之间的关系。

激进多头政治的法律与制度形式

激进多头政治的运转需要有制度性的技术支持，来转移权力，组织公民社会。它希望把中央权力下放给地方的或专业化的社群，希望公民社会组织起来，更确切地说，自我组织起来，以便更有效地接纳、行使这些被移转的权力。正是权力移转与社会组织之间的联系，使得激进多头政治区别于与其表面相似的传统自由主义或中立派政治理念。激进多头政治的制度建构原则就是要为每一层级的权力移转都配备相应的公民社会组织。

权力移转需要将更强的创新能力给予那些与人们的生活和工作关系最为密切的组织，或是那些围绕人们共同关切的问题来进行组织建设的环境。因此，权力移转的形式之一就是将大的生产单位拆零为更加灵活、参与性更强的小单元，并将这些分散的单元在合作—竞争的企业间网络中结合起来。形式之二是去创立一种由工人管理、工人所有的企业制度。工人所有制和自主管理制度可以更好地协调经济规模与小型化、灵活性之间的关系，它与合作性竞争一样都是经济权力移转的独特路径。尽管它们运用的制度技术尚有不能兼容之处，但是在政治意义上相互重叠，也提出了同样的难题。这是其一。

其二，权力移转需要加强地方政府的权力。随着激进多头政治目标的推进，不同地区之间会变得非常不同。这样一来，地方治理的观念就越出了地域的局限。个人不必考虑地理距离，可以因为与某个地方的公民保持较为紧密的交流而获得该地方的公民资格。此外，某一地区与其相邻地区间的组织结构就有可能基于（公法性质的）法律而平行于政府结构，从而在地方政府机构与地方性社会公民组织之间形成了一种更为复杂的、主动追求多元的，甚至是相互冲突的关系。地方政府和地方性社会组织可能会在生产资源上拥有财产利益。它们也可以在制度安排上选择性地扶助一些经营困难的或资源匮乏的企业。这些制度安排可以为经济前景良好的或有重大社会影响的企业创造更为便利的获取资金的条件，也可以决定困难企业得到扶助或重组的条件与方式。

第三，将权力移转给具有特殊利益的公共机构。在这些公共机构当中，家长、教师以及地方政府可以组成责任共担的教育联合体，医生、医院、企业、地方政府及患者也可以组成各方代表共同参与的医疗监督机构。

这些权力移转机制增强了社会生活中的交往与协作。因此，系统性的权力移转在表面上类似当代欧洲政治中的中间派和天主教民主派所称颂的辅助原则：即只有在密切关系着个人生活的政治实体不能有效行使某一政治权力时，才由其上级机构直接行使该权力。但是，激进多头政治的权力移转理论有别于这项原则以及其他各种主张自由至上的自由主义幼稚派，因为它对袭传制度和阶级结构始终保持着彻底的怀疑。在一个不平等的、等级化的社会中，如果不对社会结构进行重组，就把权力移转给企业、团体和联合组织，就等于将权力拱手让与给那些组织化的特权群体。反驳保守自由主义的关键在于它不加批判地依赖于一种纯粹的前政治理念，似乎只要我们能够把来自政府的强力干涉排除干净，政治空间就能保持开放。相反，激进多头政治的政治和法律理论认为，每个社会都是有争议的、偶然生成的，并且总是通过政治建构起来的。在这种认识中，权力移转和结构重建的联系就呈现出其含义。

为了实现权力移转，必须满足下列两个基本要求才能重构公民社会：任何群体的联合水平都不能持续处于明显的相对劣势；组织秩序在整体上保持去中心化的动力。这就是为什么前文举出的例子都涉及一系列的生产管理、地方治理或福利保障的制度安排。

这样的改革并不意味着突然、全面地转向一套全新的制度，而是表明在生产、交换、社群生活和福利分配方面都能以多元自治为导向，逐渐解放传统制度形式。这个改革方案所强调的法律类型不是由政府自上而下强加的，而是从各个团体自下而上进行自我指导的网络中产生出来的。这种法律类型与公法相似，因为它为集体组织的集体行动提供了制度支持。但是由于它要对多样性和歧异性保持开放，就仍然需要私法发挥作用。于此，它的独特策略就是对先前一元化的权利束进行拆解和重组，并且在多个社会部门中间设置出一种平行结构。

企业联合体之间的合作性竞争（基于前述原因）与工人管理和工人所有的模式（原因见后文）都要求分化传统财产权，裂解原有一元化产权的构成权能，并将这些权能分归不同的权利主体，使各权利主体在同一生产资源上同时享用着这些不同的权利。于是，我们就要对这些产权加以分化重组，因为有时要使小规模经济与高效率的规模经济相协调，有时又要防止"工人—所有人"经济体制的自我颠覆（下文即将论述）。

平行结构战略的一个例子就是被授权的地方政府并存于被授权的地方社群——地方区域性组织双轨并行，一个在政府之内，一个在政府之外。平行结构的要旨在于要为公民表达不满以及进一步开展实验主义实践留出一条替代性的通道。政府机构和社群组织可能是合作关系，也可能彼此竞争。当其中一个对某种社会运动关闭时，另外一个就必须对之保持开放。为了使社会更易接纳对自身的修补，需要一种去中心化的甚至是无政府式的修补实践，这会在平行结构技术和权利分解重构的策略之间形成某种结合。

自由社群主义的精神悖论

接下来讨论发展激进多头政治在精神和实践上必须面对 153 的独特问题。二者都涉及激进多头政治中自由主义和社群主义的协调，也涉及持续的实验主义承诺和持续的权力移转的协调。

去中心化的组织若是接受了激进多头政治纲领的权力移

转，就会呈现出选择性、构建性和片面性。然而共同体却要求成员只能选择一种特定的生活方式。二者之间的紧张关系正是激进多头政治在精神层面上遭遇的核心难题。种群归属感产生的力量似乎连接着人们"自然的"、无法选择的属性，同时也与脱离实际生活的纷繁烦扰有关。这种前政治团体唤起了家庭纽带的力量，召唤个人以其肉身进入一个充满定数和依赖的世界。但这只能包涵个人生活的一部分，人们还需要对社会实践予以关注并负起责任，这样的团体又怎能使每个人始终以奉献和联合为鹄的？

这种纽带在精神潜能上的问题最终又与另外一个问题相联结，即对群体理想的扩张倾向进行遏制的能力。假设激进多头政治的去中心化组织可以成功地形成并持续作为社会能量的磁体、各种生活方式的飞地，以及成员之间紧密联结的纽带。然而人们必定不会去推广这些不同的经验，让它们投射到周围群体的生活中吗？毕竟，自我的再生产、对自我的经验和承诺的再造，从来都是最朴素和最普遍的意识形态，伪装在更为精致的虔敬之下。

我们似乎在这里遇到了一个悖论，恰好对应着拓展型社会民主"小政治大民众"的难题。一方面，如果激进多头政治拥有更为强劲的社团联合，那么就可以期待其产生出广泛的、可争论的群体理想，进而引发某种冲突，并以某些政治纲领和情感的胜出为冲突的终点。另一方面，如果人们乐于将自己的愿望限制在自己的领地当中，我们就要怀疑这种愿望是否真的足够强烈。

家族、种族、传统宗教等带有自然性质的集体是群体生活 154 形式的强度和扩张意识之关系的一个例外。对这类群体而言，可能具备一些无可争议的内在标识，对扩张进行了某些内在限制。然而，正是这种群体成员的自然标识，使得自由社群主义必须降绌为附属角色。

选择依附性力量和强势理想的自我局限，是激进多头政治在精神方面的两个问题。对二者的控制均取决于能够成功改变社群主义经验的质量。我们理解一个社群，并通过与其他社群的对比，将之作为某种利益和身份的融合，在这样的范围内，上述两个问题就愈发尖锐。但是，我们也可以踏上另一条道路，削弱群体联合，同时加强成员个人之间的相互联系。

据此观点，真正的忠诚应该给予那些实实在在的人而非献给某个种群或组织。任何社群都不应追求个人身份的融合，而是在社会生活中提供一个加强成员间相互联系的场所。这种调节的理想模式正像是男女之间自主选择配偶的婚姻关系，而不是孩子与无可选择的生身父母之间的生物学联系，一种可以被人性化的盲目命运。

问题的关键在于，在没有种群主义的情况下，有否可能将依附的心理体验扩展到更为广阔的社会生活。将是否成功实现了对现状的急剧变革作为判别政治纲领好坏的标准，从来都是莽撞之举。然而，忽视制度实践与主观经验之间微妙而弥散的相互作用也不算明智。激进多头政治在实践上的主要难题与其精神问题如影随形。

权力移转与不平等的现实悖论

实行激进多头政治必须面对的核心现实问题是权力移转与不平等之间的悖论。下文将首先展示这个悖论最普遍的抽象形式，然后讨论其如何运用于有关工人管理－工人所有企业的辩论。

假设权力移转规则和组织规则定义了激进多头政治的纲领性目标，代表了一种相对稳定的、一经确立很难改变的（改变要应对极大困难）的解决方案。而社群以及社群间关系在客观上存在一种建制机制，无论其能否在我们如今所了解的宪制形式中找到合适表达。只有走出这个进退两难的困境，我们才可以艰难地、缓慢地改变公民社会权力移转规则和组织规则。此外，无论政治经济权力移转规则如何制定，各种不平等还是会出人意料地不断花样翻新。无论规则对某些群体施加了怎样的限制，这些群体也都会产生扩张。如果要防止不平等死灰复燃，只能依靠由更高权威保障再分配实践的持续进行。然而，一旦这种再分配遭到了规则的严格限制，仍旧无法预料各种不平等再度出现。相反，如果允许对这种再分配实践重新加以阐释，并交由较大范围的自由裁量加以管理，那么再分配的高级权威就可以通过收回某些移转权力来应对不平等危机。

在规则解释的自我约束和反修正实践的视角下，不平等的再现和受规则约束的结构之间的关系值得进一步分析；它令人惊异地揭示了财产和规则的联系。传统产权观念依赖一个具有严格边界的概念，边界之内的财产所有者（权利主体）可以随心所欲地使用权利，对他人的影响只在最低限度上予以考虑。各项权能将财产构造成一个权利整体，其社会意义在于社会成员的相互依赖性在经济生活的实践决策中并不发挥作用。劳动力只有在此基础之上才能实现交易，而累积起来的劳动产品又可以用来购买更多的劳动力。

就此我们可以理解，单一产权解除了它与对物加以控制的原始观念之间的联系，并融入到古典权利观念当中。在古典自由主义看来，权利就是为基于自主决定和自我判断的自由行动划定的活动区域。权利主体在权限范围内的行为是随心所欲的，无需理睬由此给他人造成的任何后果。在此范围之外，他的每一行动则须考虑行为后果及与他人的相互依赖。

由于给权利设置了不可废止的性质，权利之间不可避免的冲突就会作用于公权和私权体系。现代法律思想史上很多最为著名的论战都涉及这一冲突的后果。从中我们可以得到两点教益，对法律分析的重新定位具有重要意义。其一，任何分析方法都无法从市场经济的概念中推出单一的、封闭的、连贯的权利体系。其二，没有一个严格意义上的市场经济、产权制度，或者更一般地说，没有一个多元社会能够解决权利冲突问题。此外，这些棘手的冲突涉及劳资双方对立的主张和要求等核心问题，而不是仅仅处理调整或界定之类的次要问题。

传统产权或者说古典权利的典范意义取决于解释规则的实践，与常见的、公认的阐释性理解的频繁修正相抵触。这种阐释实践立基于既有的类推和法条注释。否则，依据规范分析现有模式在各种道德和政治观念之间的竞争结果，权利活动区域的神圣边界将被证明永远都是一种事后预测。

严格确立权力移转规则和组织规则，是为了巩固激进多头政治的政治目标。如此就必须使用一种反修正的阐释性实践去维护清晰的财产、权利和规则配置。这套配置无力阻止不平等和扩张，除非它被持续的、颠覆其去中心化目标的再分配实践所限定，或是补充了一种对财产转让、资源重组和资本积累的制约机制。这种限制极其严苛，以致会使社会陷入贫困。

由此产生的不平等也将极其危险，因为它们无需受制于政府权力的有力制衡。一个国家可以制定并执行政策去干预主流利益（特别是经济利益），它才足够强大。虽然马克思主义让我们习惯于将国家机器看成是利益集团的长臂，但国家事实上也是使之转变的巨大杠杆。国家缺位使得既有的不平等状况和产生这种不平等的制度变得自然。一旦没有实际的政治手段加以改变，它们就成了一种无可逃避的命运。

现在让我们来思考激进多头政治中不平等与权力移转之困境的另一面。如果权力移转规则和组织规则可以经常地、轻易地改变，或者有一个高级权威（它本身不能由那些相对不变的规则予以正确的规划）可以通过再分配去纠正不平等。那么，我们要解决不平等复现带来的问题，就只能损害激进多头政治的某些建制性目标。再分配的施行者以及人们讨论并变革权力移转和组织机构的公共论坛将成为政治治理的中心。157随着这些制度安排在激进多头政治中重新塑造人们的生活机遇，制度内容的冲突将起到决定作用。而这种冲突产生的影响在修订版的激进多头政治中就会成为吸引野心和欲望的磁石。

权力移转与不平等的两难在于：在一个通过切断政府干预而开启的人类自由行动的空间里，激进多头政治的政治纲领无法轻易地洗刷掉自己信仰保守自由主义的污点。承认权力移转与社会组织的关系，并不代表足以化解这两种不同制度承诺的相互干扰。除非我们接受激进多头政治对财富积累和社会地位变化的严格限制，否则在社会组建之初就势必包含着不平等，最终也将限制权力移转。这种限制不仅带来贫困，而且会阻挠人们获得自由或保持自由。权力移转和不平等的困境揭示出自由社群主义的内在脆弱性。

工人所有制的教训

对这种两难的思考似乎过于理论化而无足轻重。但是如果认真考虑到工人所有-工人管理制这个最贴近当前争论的激进多头政治变体或机制，它就具有了现实意义。只要设计一个简单的思想实验就可以找出传统的、未经修正的工人控制体制的局限。这个实验可以证明，除非能够逐渐脱离那种要将资本家个人的传统产权转让给企业劳动力的简单想法，否则工人所有-工人管理企业的经济形态在效率和民主上都将遭到失败。对这个简单模型的每一次偏离都会产生一系列新的困难，而这些困难又总是需要进一步的偏离加以解决。

这个修订版的工人控制体制承诺将民主合法性和经济效率结合起来，从而要求在企业或工人与企业之外的创新和权力中心之间形成一种持续的互动。劳动者继承的并不是传统产权，而仅仅是其一部分构成要素。传统产权也不仅仅是从一个权利主体（资本家）转移到另一个权利主体（工人阶级），它的构成性权能可以分解开来，重新分配给多个权利主体，使得这些主体对同一生产资源持有有限的、多层级的权利。工人管理形式经过修订，放弃了经济权力移转的简单模式，以实现经济进步和民主弹性上更为现实也更具吸引力的愿景。有关工人控制的思想试验揭示了权力移转和不平等之两难的变化，

158

表明在这个人们最熟悉的多元化领域中，彻底的权力移转是无法与平等、弹性和效率相协调的。

首先让我们为工人控制体制举出一个最简单不过的例子。只要能够充分实现两项限定性前提，这个例子就可以存在。前提之一是在体制变革期内尊重现存的分工和资源分配原则。企业开始实行新体制时，工人需要获得完整的产权。前提之二是尊重传统产权体制。工人们需要的是成熟的、完全可转让的私有财产。权利属于每个工人，而且从中也产生了所有更为具体的权利诉求，包括从企业收益中获得收入和企业的实际管理。这套体制并没有对产权进行修改，只是进行了简单调配：由于受到了改革的干预，工人个人就共同继承了这种原本由传统意义上的资本家或资产阶级国家享有的单一产权。

未经修订的工人控制体制在分配结果上是任意的，正如它在内部运行中是自我破坏的一样。这一体制下产权的原始取得就像一场经济上的抢椅子游戏。资本密集型产业提供的工作成了工人的聚宝盆；其他人从事的工作则缺乏资本；更有些人在这一伟大改革到来时可能根本没有工作。而一旦开始进行体制改革，每个人都会根据他碰巧所处的经济环境不同程度地（也有人根本不能）继承产权。既定的环境差异在工人当中造成了区别，又突然冻结为既得权利。那么，似乎很奇怪的是：一场改革，以社会正义和复兴的理想为动力，足以在社会经济构制中强劲地发动惊人的变革，最终却屈服于如此疯狂的权利和资源配置方式。

而且，这种任意的体制很快就会自我解体。工人所有制企业或成或败，总是取决于几乎无关工人自身对错的微小经济事件。接受传统产权体制必然会迅速在企业之间、工人之间导致资本的再度集中和不平等的再度发生。企业之间弱肉强食；工人个人出让自己在企业中的股份，和那些在简单的农业改革计划中占有土地的农民别无二致。

工作将会与财产迅速分离，劳动力也将分化成有产工人和以工资为生者（wage earners）两个阶层。部分工人将在不占产权份额的企业中继续工作。而出让了原有份额的人、最初就没有任何份额的人，以及原本占有份额却遭遇企业破产或兼并的人，会发现他们的工作只能来自一个为以工资为生者准备的企业间（interfirm）市场。在激进多头政治的精神鼓舞下，工人所有制的转向削弱了中央政府及其补偿性福利计划，除此以外，经济秩序的基本原则没有发生任何变化。

现在让我们考虑如何通过第一次偏离，来限制这个简化版体制的自我颠覆。工人所有制的第二种变体保留了传统产权的前提，抛弃了体制变革期内维护既有工作分配的假设。在建立这一体制时，要预留出一定基金，以补偿在资本相对不够密集的企业中工作的人以及根本没有工作的人。这些基金首先用于帮助人们在既存工作分配体制中扭转劣势，为他们提供转劣为优所需要的培训和资本。

然而，正确的重新分配不能止步于体制变革的特定时刻；它需要更长久的生命，因为所有简化版体制中的推动力都会在修订版体制中继续积聚资本、制造不公。一个社会改革如果强大到足以挑战经济机遇的分配，却对改革后的分配后果漠不关心，就是自相矛盾。最初带来改革的那些力量和承诺将会奋力扩展并永远保持自身的运行。

但是，如果在体制建立之后继续再分配实践，就会冲击到简化版体制的另一个限定性条件——维持传统产权。以权力移转和不平等的困境为视角，这也体现为对平等的承诺限制了权力移转的理想。如果说再分配实践必须通过对不公平现象的复现与任意的、无规律的修正行为来实现，那么它就是在限制而不是去有效地取代传统产权体制。如果再分配活动受到了严格的规则约束，随着时间推移，它将会在企业内外两方面加强与经济权威来源的互相依赖。这种互相依赖将表现为不同类型产权的复杂共存，归属于不同类别的权利主体，而工人仅为其中之一。

于是，我们来到了背离简化版工人所有制的第二个时刻。让我们来放宽关于维持传统产权的第二个前提以及关于工作分配既有机制的第一个前提。为了防止资本迅速再次集中和不平等的反复出现，需要对所有权进行某些限制，主要针对所有权份额的不可让渡性和使用累积收益并购其他企业的权力。通过在劳动力集体中共有产权，或是通过限制工作与所有权份额相分离，就可以使所有权的不可让渡性发挥作用。[权利不可让与的每一种形式都能在农业官僚制帝国（agrarian-bureaucratic empires）的改革家稳定土地改革的奋斗史中找到自己的影子。]

成功企业为了加强自身生产能力或是为了并购其他企业而积累未分配利润，对此必须加以限制。对权利的不可转让性的限制，在功能上等于或者补充了对成功企业未分配利润的强迫性限制。企业兼并会造成有产工人和无产的工资工人之间的阶级分化。然而，即便是不受限制的企业自身投资，也会在经济地位和经济机遇上支持一种极端的、难以逆转的不平等。每个企业的工人都会单纯地希望通过技术进步而提高自身劳动的生产率。成功企业不再进行企业兼并，也不再试图使工资工人沦为依附地位，但是可以进一步拉大自己的劳动技术设备与其他企业安置工人资金的差别。它们会拒绝雇佣新工人，或仅基于好恶或人情偶尔雇佣少数新工人。因此，尽管这两种限制可能在一定程度上相互转化，我们还是需要对未分配利润的积累进行主动限制，从而完成对权利不可让与性的限制。

但是，限制传统产权产生的影响可能会刺激工人所有者牺牲长远利益，挥霍企业收益进行迅速消费。他们会尽可能地将利润据为己有。因此，我们面临的风险就不只是假设：这种致命缺陷就出现在前南斯拉夫式的自我管理体制当中。为了

161

防止经济压迫和工人阶级的无产状况，对产权转移和资本积聚的限制反而导致了财富的大肆挥霍。企业资本可以迅速增长，也可以被迅速消耗，这一对相互对立的孪生危机破坏了相对公正、自由和开放的企业间交易。而外部权威机构——或者是能够起到权威作用的外部规则——又该如何才能施加有效管理呢？

这个问题带来的压力将我们带入背离简化版工人控制体制的第四步，也是最后一步。资产浪费和企业帝国主义这两种此消彼长的风险不能被限制在传统产权的框架内，至少在没有普遍干预的情况下是如此。这种干预将会破坏市场经济的运作，并嘲笑多头政治的权力移转承诺。

重构激进多头政治

激进多头政治要想应对这些精神和制度问题，需要在政治纲领上将自身观念从 19 世纪"小商品经济"的思想残余中解放出来。"小商品经济"是一种由小型独立企业组成的经济模式，即使遵照合作原则进行了内部组合，仍然无法实现合作。为了维护这样一种商业世界不受市场竞争和资本积聚的影响，就需要无时不在的再分配干预。这种干预将会抑制，甚至使生产发生倒退，并妨碍社群主义成为真正的自由主义。

传统产权模式视权利为封闭堡垒，这一主张必须让位给多重叠加又共存于张力当中的赋权概念。立法权，无论是自下而上得来还是从法律秩序背景中脱离的，都必须在全社会范围内与政治经济组织结构相协调，这套组织结构又与持久的、去中心化的实验主义相适应。能否认识到对这种社会结构的需要，正是激进多头政治新老版本的主要区别。

尽管存在着种种缺陷和危险，激进的多头政治仍然具有诱惑力，因为它提供了对某种社会秩序原则加以普遍化的承诺。在后福特时代的弹性生产和以技术为导向的合作性学习实验中，这个普遍化承诺已经开始改变人们在全世界最为成功的企业和学校中相互合作的方式。各种合作方式抹平了等级制度，规避了锱铢必较的合同条款，而且将合作与竞争结合起来。通过调和监管者和执行者的对立，并基于实践经验不断修正行动计划，也鼓励着人们去修改利益和身份的概念。它使得社会制度安排更加贴近实践理性的过程，被看作是在加速实现理想和实验、任务的设定和完成、联合的解体和重建、预设和意外之间的互动。

同时，在对等交易或不同等级的工作合作与代议制民主之间，它也开辟出了一个狭隘的中间地带。我们开始从这些合作手段的每一种传统形式中看到实践的实验主义所具有的差异性和包容性。在这样一个世界里，我们不会用虚构的共和国无私公民或纯粹利他的共同体成员来替代真实的、充满渴望的、担负并追逐着利益的个体。相反，我们通过累积性地修补

162

制度和行动信念来努力拓展个体的活动范围。

在这一愿景当中，实践优势和民主热望相结合，从第三个因素的干预中获取了额外的力量：当代人类道德历史向慷慨（generosity）的进步。想要认识他人的他者性，对慷慨产生了推动作用，从而并不限于那种虽然热情、利他但始终"他""我"有别的疏离技术。不同群体因相互敌视而引发的暴力冲突，很大程度上源于在实际差异消失时仍然执着地寻求差异的那种意志，源于一种对集体无力实现真正差异的愤怒，从而这类暴力冲突掩盖了另一种更加微妙也更具累积性的进步：我们有能力缓慢地承认并接受他者的源初性。这个结果来自多个力量的合力：从受教育女性日益增强的社会影响，到心理分析对道德主义的优势地位，从对他人及其境况的认知传播，到大众文化流俗故事中的基督教–浪漫主义残余。激进多头政治的政治纲领许诺会将这些无形的力量牵引到制度安排的实际设计中。制度安排反过来又可以培育力量，使其在日用生活中的表达机会成倍增加。

综合上述原因，激进多头政治包含了一个可以超越自己制度方案的愿景。民主事业的另外两个未来图景是拓展型社会民主和动员民主。在此，我们需要测试它们是否有能力适应这个非常现实的乌托邦理想。

想象自由社会的别样未来：动员民主

动员民主的方向

现在，让我们来考虑激进民主规划的第三种可能进路：动员民主（mobilizational democracy）。就拓展型社会民主而言，真正的行动发生在个人生活当中；它希望政治变小，从而使个人变大。就激进多头政治而言，真正的行动发生在各种社群和组织权力当中，也即权力持续移转的集体生活的独特形式；它要让社会成为社群的联合，每个人都能以适当的社群成员身份生活其中，并得到充分的发展。动员民主则不同，它不会为某种行动提供任何特殊的环境，毋宁是将作为整体的社会摆到了最突出的位置上；它要提振政治，无论是制度变革的宏观政治还是个人关系的微观政治，同时也要在政治权力、经济资本和文化权威这些社会构建的关键资源上松解开一切派性纠葛。它拒绝对整个社会的政治空间做出任何放弃和缩减。

动员民主背后潜藏着一项重要的经验预设，认为社会秩序具有两个深层属性，一是社会秩序维持着适度的分化和等级制度，一是挑战和修正对社会制度而言仅具有相对有效性，二者互为因果。这种因果关系的基础在于社会事实的非自然性质。社会关系和制度安排必须像物质一样稳定、真实，才能抵御社会日常的实践冲突和话语冲突所制造的动荡。

能够接受挑战并修正制度安排，不等于为永久的变化提供了条件。我们在制度框架内追求利益，最终由于利益实现受阻而对之进行修改。问题的关键在于二者之间的距离，而非制度安排为使人们获得解脱的不断改变。随着行为的制度语境愈见透明，对制度的修正愈加开放，制度革新也就变得平淡无奇了。这并不是从稳定到不稳定的转变，而是稳定性本身的性质变化，仅仅是朝着市场经济和代议民主裹挟着我们前进的方向又迈出了一步。

与宣示着动员民主的经验预设在精神上相并行的，是一种以实现个人和集体赋权为目标的强大的异教观念。它更容易与基督教的"爱"的理想及其所激发的平等和团结承诺相协调。人们对现代社会的抱怨主要可以分为三类：人与人之间太不平等，彼此过分孤立，个人力量极其渺小。在动员民主理论中，我们发现了新的理由来确定三者间的联系：要想弥补前两者，则必须首先弥补后者。

另一方面，这种因果联系猜想增强了动员民主的主张，推进了那种激进民主的旧式希望，即在经济增长的物质进步和

164

由社会等级中获得个人解放之间寻找到潜在的、叠合的制度条件。拓展型社会民主和激进多头政治的共同之处在于实践性的实验论目的，以及为了涵括更广泛的自由而进行制度修补的实验主义要求。动员民主则确信，经济和技术的不断革新要求一种灵活性，这种灵活性与人的利益具有更强的亲和性，并提供了更为丰富的自由体验。

动员民主的法律和制度形式

动员民主纲领可由三套制度改革加以推进：重构国家和政党政治、经济和企业、市民社会及其组织的制度形式。

现代民主政治和制度传统的特质取决于两套制度技术：减缓因民众要求和政治僵局所引致的改革契机的宪法制度安排，以及维持低水平政治动员的政治实践。动员民主的政治纲领正是要去颠转这两种制度设计。

165　　　动员民主的宪法技术使政治权力更容易实现变革，也使实验性的政治方案得到更为坚决的施行，从而取代了那种偏好政治僵局或只为回应民声的制度安排。这些技术包括巧妙地融合议会制和总统制，从而开启取得国家中央权力的多重路径；使偶发性的立法让位给全面的、有计划的方案；在政治决议中强调化解僵局而非强调公投和普选；为政府各部门赋予要求所有政府部门同时进行预选的权力。

传统政治实践向来敌视全体公民的政治动员，与此不同，动员民主是不断提升社会政治动员水平。为了达到这一目的，动员民主也采取了很多手段，例如强制投票规则、有利于强势政党的选举制度、公共竞选基金，以及扩大大众传媒的自由使用。运用这些变革方法，必须预先假定政治活力的水平与政治结构的内容之间存在因果联系；政治不可能在缺乏活力的情况下对其内容进行频繁的结构性变革实践。因此，如果政治纲领想要缩小边际再分配（marginal redistribution）的日常政治与结构变革的改革政治之间的距离，就必须坚持长期提高政治动员水平。

在经济制度重构上，动员民主力图让人们更加便利地使用各类生产资源。它鼓励公司之间形成合作性竞争机制，在政府和企业之间建立起中介组织，并且在不同程度上独立于二者，使它们对多样化产权制度下的财富和技术资源的多元配置负起责任。这些体制将会拓展各种路径，无论是对最大效率使用生产资源的单纯追求，还是对企业联合体的特殊偏好。在同一经济体制内，并存于不同合同法和财产法体系中的实验，要求拆解传统产权，并将其构成性权能授予不同的权利主体。传统产权所有人将会被企业、工人、国家和地方政府、中介性组织以及社会基金会取代。

经济灵活性要想在数量上实现大幅增长，前提之一是要持续依靠一揽子的保证措施，以避免灾难性的经济危机，并对再教育提出终生需求。与激进多头政治相同，动员民主在此与拓展型社会民主的政治纲领相交汇。这一民主规划的每种拓展形式都要保证人们能够获取实践性的和文化性的制度手段，以遏制危机感，宣示并践行他们自己的人生规划。这些保证必须得到法律的保护。正如前文所讨论的综合实施的拓展性实践一样，这些保证必须通过各种局部的和结构的校正性干预形式发生效用。

在市民社会的自我组织中，加速政治和经济变革，需要有明确的对象和条件。市民社会身处国家之外，为了保持动员民主的政治经济制度完整性，必须实现高度的和普遍的组织化。私人合同和企业的传统设置不足以实现这个目标，因为单一产权的传统形式无法实现去中心化、更富弹性，以适应在人力和资源方面必要的规模和聚合。

社会实验主义与人权

国家组织、经济机制和市民社会组织的制度变革，强化并扩大了实验主义实践在社会经验所有领域内的实施强度与运用范围。这是否会因此威胁到人权？动员民主似乎要在政治中争取更多。而尊重人权却需要从政治中撤销某些东西——如果政治只是为权利提供保障。

我们必须穿透人权的思辨性话语，探究其背后的实践问题，如此才能评价威胁到个人安全的现实主义危险。两种观念相互结合，从权利的晦涩术语中挽回"人权"一词的经验性内容，一为"技术"，一为"对象"；有了对象我们就可以更恰当地运用技术。

人权观念的工具性目标是要消除短期政治规划中的某些 问题。在这个意义上，基本权利不过是获得保障的权利，使人们在日常政治经济矛盾中免受不利干扰。宪法的刚性限制（必须经过多数权利人投票决定）只是为了避免创设新型权利的最常见形式。而这总是相对的：新型权利的创设是政治实践和意识形态冲突的最终结果，没有什么东西能够在观念和制度安排上予以阻止。对宪法的顶礼膜拜会增加对新型权利的抑制，自然权利的思辨理论亦是如此。然而，这样做的代价是巨大的，甚至会错失权利讨论所回应的关注焦点。

应该将什么撤出短期政治目标？只要我们信奉那种拜物教，认为自由社会只能有一个唯一的、自然的制度形式，那么就会相信该问题有一个自明的答案。如若摆脱了这种拜物教迷信，则需要做出更为明晰的回答。

宣扬动员民主政治纲领的社会理论对此给出的最佳答案是：权利要想回避短期政治风险，就应当完成两项截然不同却又相互联系的任务，一方面保护人们免受公共和个人双重压制的风险，一方面满足人们的经济、文化需要，使其能够设计、践行自己的人生规划。有些权利，例如获得基础教育和再教育的权利，在上述两方面都可以发挥基础性作用。

如果人们在受到严密保护的环境中仍然缺乏安全感，就会认为危险源自动员民主那不断加快、不断拓展的实验主义。为了消除这种恐惧，人们要寻求保护首先就会去迅速转向专制政体或者复活旧有制度。就此看来，人权与它所支持的更加强健的实验主义之间的关系，就像是父母的爱与孩子积极主动进行冒险和自我改变之间的关系。

人们如果缺乏经济、文化手段去塑造、践行自己人生规划，就难以在动员民主中成功地运用他们的更大自由。这种能力缺欠很快就会破坏、危及他们的自由。从这个角度看，基本权利与民主实验主义之间的关系又像是前景与意愿之间的关系。

不应因此误以为动员民主会对短期政治目标中的相对保障造成不利（所有保证必然都是相对的）。相反，动员民主增强了改革机遇带来的新生事物与变革风险中需要保护的事物之间必不可少的辩证关系。为了政治，也为了个人自由，有些东西必须撤出政治。我们期望给从属于（短期）政治的事物与撤出短期政治的事物之间的辩证关系赋予严格的、稳定的内容，但这是不可能的而且永无可能，因为这种辩证关系就其本性而言就是经验性的和实验性的。

因此，正如不应将动员民主扩大的实验主义误认为是在呼吁对社会事务进行永久变动，我们也不应忧虑动员民主下

168

的政治加速会与人权发生龃龉。我们必须断弃一种幻觉，尽管它通常有助于我们暂时理解自由事业。这种幻觉来自对人权的恒定基础的信赖。如果自由社会有一个唯一的、自然的或者必然性的制度形式，或者至少自由社会倾向于趋近这种形式，如果权利的标准化体系是这种自由社会秩序的构成性要素，人权才会拥有一个恒定的基础。然而，这些信念是错的。我们一旦为之俘虏，自由就不再安全，也不可能有所发展了。

由这些幻觉烙下的制度拜物教印记是 19 世纪法律科学的主要元素之一。当代法律和政治思想拒绝放弃它。因为，尽管我们很少去为预定的民主制度内容进行辩护，但是我们担心，坦率承认我们拥有这种民主制度是偶然的，将会危害用以维护自由的权利。然而，自由在这种制度拜物教中不但一无所获，而且损失惨重。我们为了支撑自己的既有权利，无论呼唤何种世俗的或神圣的权利基础，都会不可避免地在权利内容上发生冲突。只要还没有寻找到对制度拜物教加以限制的有效手段，我们就不能使自己隔绝于现实自由的真正动力，远离经济政治实验与安全有效地进行这些实验的必备手段之间的经验关系。

而且，如果我们逐步脱离了这种真正的指引，轻信了豁免政治危险的虚假保证，我们也就削弱了将社会自政治、经济精英手中解放出来的希望。因为，根据那套宣扬动员民主政治纲领的社会理论，如果拒绝正视制度安排遭遇的挑战和修补，就会直接联结到其用以生产、支持严苛的阶级壁垒的权力。

政治美德与政治现实主义

　　我们一旦撇开这种对人权的满怀敌意的错误反对，就会凸显出动员民主真正要去面对的威胁。这些威胁在精神和实践层面共享着同一来源，就是使动员民主过分依赖于较高水平的警惕和承诺。动员民主不是威权主义和乌托邦主义的又一版本，试图神话般地虚构出来一个无私、透明的公民形象，用以代替与社会与政治处于矛盾状态的自私自利的庸常个体。动员民主追求的是去扩展而非取代那些形成并追求利益的日常行为。

　　动员民主若是依赖对激进共和理念的无条件接纳，就会同时丧失自己的现实立场和政治魅力。它的吸引力在于对人类精神生活片面而深刻描述。事实上，只有极少数主动发声者和积极参与者才会在其中发现可以大幅提升自己的政治地位，大多数人都将退出这种大包大揽的寡头政治，去寻求重建一个以个人事业和家庭生活为中心的社会世界。如果对国家政治规划的执着奉献要以大量的个人承诺和理想、物质享用以及精神欲求为代价，那么大多数人都会予以抵制，而且也确实应当如此。

　　这一关键的根据在于政治方案论辩的一般法则。在思考制度重构与人类本性之间的关系时，我们必须在前述两种对立的错误之间踏出一条新路。人类经验的各方面都会受到经验性制度语境的影响，但也不能就此将人类生活割裂为两个部分，并声称只有其中之一容易受到政治影响。即使是生活最私密的部分（比如我们个人最私密的好恶之情）也都受制于社会的组织结构。

但另一方面，却也没有什么能够突然地、根本地改变我们在社会结构中的位置。改革方案的致命缺陷之一在于它依赖一个激进的人性重建方案。当我们无法在恒定的或普遍的人性与多元的或局部的人性之间做出明确区分时，就必须谨慎对待不同的人具有相似的行为和欲望这一论断。这也不是说，我们在任何改革方案中都将看到无私的公民奉献取代了个人旨趣。我们实实在在地所能期望的，是在良好的制度条件下，扩大日常生活中追求个人利益的范围，同时缩小利益实现与结构性挑战之间的反差。

基于上述原因，动员民主就不应依赖于政治激情对日常经验的支配。然而，任何放松警惕或乖悖承诺的行为都会给动员民主方案带来特别的危险。危险可以是经济上的、个性上的，也可以是精神性的。经济风险来自动员水平的下降，这会使社会治理力量更加倾向其支持者，将短时优势凝固为固定权利。动员民主中更加自由的变革性实验主义，如果无视政治权力和经济优势的相互勾结，那么也许就表明它在进行自我颠覆。

个性风险在于，在普遍政治参与退出舞台后，主动发声者和积极参与者或许会比在承诺商谈时更加左右逢源。当人们厌倦并退出了事无巨细的会议长跑，一小部分着迷于此的活跃者就可以掌控参与制度，为那些缺席的、烦躁的、迟钝的同伴代言。

精神风险则在于，政治体制所依凭的公民契约原理与政治所顺应的现实生活之间，会出现一条巨大的鸿沟。在这条沟壑的黑暗底部，狭隘的个人私利将罩上公民参与的伪装，抑制更为普遍的人类关怀。

动员民主最令人困扰的问题仍然是它不能充分有效地利用政治活力和政治美德。如果政治体制不去选择满足民众的强烈愿望，而是服膺一己之私，那它就是失败的。

理性主义与历史主义的折中运动

理性主义的通缩

我们在重新定向法律分析、探索民主的别样未来时所遭遇的问题和机遇，从属于这个时代更为普遍的思想状况。据合理化法律分析之名批判此前威望卓绝的法学教义，只是当代知识分子于诸多思想领域发起的理论运动之一。这场运动造成理性主义的通缩、历史主义的通胀，可称之为"理性主义与历史主义的折中运动"。171

理性主义表达了这样的观念：我们可以拥有一个基础去对各种社会生活方式进行辩护或批判，并且可以通过理性沉思来获得这个基础，而理性可以产生超越我们的传统、文化和社会的判断标准。历史主义的精髓则指出，根本不存在什么权威标准，能够判定我们超越了特定的、历史性的生活方式和话语世界。这场规模浩大的哲学运动要去压制理性主义、张扬历史主义，并试图在二者间找到一个想象的中点。理性化法律分析的缺陷最终暴露出这场运动的要害。

作为制度想象的法律分析代表了理性主义和历史主义之外更具普遍性的替代性选择。正如它直接针对问题所做出的普遍回答，这种答案的普遍性本身也包含了对问题的修正。只有彻底改变其使用的方法和证明其合理性的结果之后，理性主义与历史主义的折中运动才能够成功。

为理性主义和历史主义寻找中间立场的理论努力常常被用来证明，进步自由主义或社会民主主义制度保守派的政治纲领是合理的。理论方法和政治纲领之间的关联是否存在更多的偶然性，这个问题的出发点并不清晰。下文将会表明这种关联虽然复杂但却是确定的。论证分成三个部分展开。首先，摸清这种折中的结构方法，并指出其中的重大事件所对应的法学观点。其次，检讨重新定位这场理论运动的方法，揭示它的意义，并允许实现它所宣称的目的。最后，考察各种动机，无论是去人格化的或纲领性的，还是人格化的或存在性的，这些动机可能会引领处在与我们相同环境中的人，走上我所提倡的道路。

让我们先将这场折中运动放回最初的历史语境。理性主义从一开始就意味着，在沉思中寻找一条批判或辩护的基本原则，进而设定一些能够普遍适用并超越特定的对话环境和社会生活方式的标准。这种理性主义的现代范型则试图确定172 一种社会组织类型，对个人生活规划和特殊群体的观点保持中立。我们也可以明确地重新定义这种现代理性主义：它着力从自发社会——即自由平等个体之间的自觉联合——的抽象概念中推出社会组织的蓝图。这样的现代理性主义似乎在每一点上都不够笃定，要么无法为其政治承诺提供切实的指引，要么就要为获得确定性而放弃中立性。

前现代理性主义确实存在，但很难说清它究竟是什么。有时它会表现为一种有关客观价值的学说，隐藏在某些文本和思想当中。比如说，在人类进步论的指引下，亚里士多德的门徒想要在我们由道德意见积累而来的经验中揭示出一种潜在的理性结构，但也有人追随柏拉图的中后期思想，努力从常俗的道德观念中破壁而出，去顶礼膜拜那些将自己绝对权威化的理念。然而，二者似乎毫无共同之处。

前现代理性主义反倒具有鲜明的轮廓（distinct shape），恰好在下述两者间摇摆不定：一是试图将理性结构归因于既定的社会秩序和道德观念的可欲范围，一是试图从外部的、超越习俗的立场对既有观念和秩序发起的挑战。但描述前现代理性主义的特征始终是个难题。将理性的结构和权威归因于普通的道德观念，似乎总是毫无道理地将特权赋予特定群体和文化的思想和经验。与习俗世界决裂的抵抗性努力似乎又太具争议性，无法用事实说服我们反对既定的制度安排和既受的社会教条。

这两套叙事相互补充，将现代的和前现代的理性主义联系起来。一个关乎观念的演进，它发现前现代理性主义的根本缺陷在于，无法与我们的文化以及它自身的前见保持批判的距离，仍然在既受教条和日常经验中以某种方式回应着我们被给定的出发点；而现代理性主义出于对中立性的追求，起初就要以一个争议较小的假设为基础，设计一套较少偏见的道德和政治判断模式。

173　　然而，现代理性主义要么无法保持中立，要么就是不确定，除非放弃中立主张，才能得出明确的观点。例如，他们有时将市场经济或代议民主的当前版本视为个体选择相聚合而形成的一套可靠的体制，也即是某种公正观念的具体体现；有时则是通过大幅降低朴素的道德直觉和个人需求的复杂性而放弃中立，尤其忽略了欲望和信仰在适应现实制度安排和权威学说的同时又因渴求和幻想而对其进行挑战的方式。

　　观念演变的内在描述需要现实社会经验的外在描述加以补充。根据后者，各种社会生活方式的动荡、重组、彻底重构的实际经验，正是理性主义的前进动力。它使我们更加清晰地认识到，观念在多大程度上植根于由历史安排的现实制度。动荡和重组的经验则使人更为敏锐地意识到，社会生活的理想观念与实践性制度安排之间的联系何其关键又何其脆弱，一方面有碍那些观念更加完满的实现，另一方面又给予它们内在的意义。我们的出发点是要为同一理想提出不同的实现方案，终点在于揭示自己置身其中的那些理想有着复杂的、一定程度上相互矛盾的意义。这种探索、扩展和破坏的结果既证实了我们的理想，又破坏了理想对青涩的渴望和强烈的欲望所做出的回应，而这些结果正是从这些渴望和欲望当中获得了生命，获得了外在的形式。

制度创新丁扰了我们对既受社会理想的内容和权威的理解，破坏了前理性主义者以无可置疑的道德卓识和道德直觉的名义突破日常道德意见的努力。同样的动荡和重构也破坏了特定版本的市场经济或代议民主观念将自己普适化为自发社会理论的实践。所有的失望和发现都只是被压抑着而无法完全规避，它们鼓舞着人们克制住理性主义的主张，并且适应上述外在和内在描述中的种种压力。

理性主义通缩在法律思想史上反映为两种原本相互对立 174的法律理性主义：19 世纪的法律科学和当代理性化法律分析。19 世纪法学强势地将真实的或前政治的法律区别于软弱的、赝造的和政治化的法律，前者关注契约和产权的私权秩序及其与限制政府行为的适当关系，而后者是政府基于再分配而制定的，用以干涉纯粹的公私权利体系。弱势的、通缩的当代法律理性主义形式不再分辨政治的与前政治的法律，仅仅试图在作为派系斗争产物的法律和包含公共道德或利益的法律之间做出区分。

这种超宗派的法律理想最终被证明反而是非中立的或不确定的，许多法学家因此退缩，对自身任务的看法变得更加幻灭也更加切实。他们拥抱了悲观改良论，把理性化法律分析重新阐释为一种高贵而必要的谎言。他们着力抑制多数主义政治中派系行为的自我交易。他们试图保护那些似乎无力自保的群体。将净化和矫正的干预限制在法律解释看似合理的范围之内并使其适应既定社会的制度结构，这种限制的冲动逐渐改变了法律的性质。重申当前制度安排的必然性和权威性的信仰，这种欲望如今也衰弱了，取而代之的是坦率地认可那些对法律分析家们希望占据的制度角色以及他们能够有效实施的重建工作所施加的限制、权力以及合法性判断。法学家也将自然而然的怀疑驯服为顺其自然的善意。

历史主义的通胀

本节讨论的历史主义的变化，是当代哲学运动的另一极。历史主义的主旨在于，对某种社会生活方式的证成或批评标准都产自该社会自身的生活方式。没有任何判断标准能够超越文化和传统。我们若要彻底跨出文化和传统，只能选择成为另一种人，过另一种生活；没有哪种理性比其他理性更高级。在当代文化的所有思想领域中，历史主义都呈现出保守和反讽两种形式。它实际上是要表明：世间一切无不是由历史所确定的生活方式和对话丛集。制度的自我辩护要么来自生活方式，要么来自对话传统。我们只能使用内在标准去评价每种制

175

度设置，除非甘愿承担专断的指责或是得到混乱的结论，才能采用外在标准。反讽的、保守的历史主义者也会以这种形式完全调转方向，主张任何文化和社会并没有什么终极根据。凭借一个防御性的、反讽性的附条件条款，他们将这种主张变成了重新参与既定传统的正当理由。

拒绝此种历史主义的原因在于，它的前提中存在一个无可避免的悖论，一个常常忘记了集体和个人道德经验的悖论。历史主义假定我们需要选择一种道德的、政治的对话；这种需要若强烈，是因为它扎根于一种特定的传统和对话，若是冷淡，则是因为它试图超越所有特定的传统。但是，对这一悖论的确信无法解释信仰和情感史上一个最为显著的史实：道德和政治意识的突变。这种思想突变的最有力证明就是基督教、佛教等世界宗教的勃兴与传播，它们关于人们如何生活的观点，与其所处社会的主流道德教训存在明显的抵牾。

拒绝这种保守的、消极的历史主义的第二个理由是，它与我们当下境况的诸多特征背道而驰。如此急切地进行正当化论证，恰恰因为我们感到自己所处的传统并非自成一体的、毫无争议的。如果我们的传统固若金汤，也就不需要什么理性主义、历史主义了。这些传统，这些传统的重组和重构、瓦解和融合，激发人们对社会生活方式进行辩护和批评，并在回应当中又激发人们发明一个虚构的传统，自愿维护集体的差异。如果传统保留了保守历史主义假设的这种差异，关于历史主义和理性主义的辩论也就失去了意义。

第三条反对意见认为，历史主义指引社会的力量来自某些似乎并不具备什么规范性权威的事实：保守的历史主义者把这些连续的、一致的事实视为某种介于不可逾越的证成或批评视野与洞察历史道德秩序的源泉之间的东西。因此他们就必须去旗帜鲜明地弘扬历史主义观念，正如理性主义者要去理性地克制理性主义。对当代西方工业民主国家的政治传统和制度另眼相看，视之为道德和政治指引的来源，这是历史主义的最常见通胀形式：不只是因为这些政治传统和制度为我们所有，也是因为它们以特殊的方式融合了或是具体化了存在于众人及其利益和理想之间的公正诉求。然而，权利诉求也可能会使这些社会的直觉、偏好和信仰向外扩张。

为了确定这种历史主义通胀的典型法律形式，可以先研究历史主义在通胀之前具有怎样原始的、粗糙的形式。虽然它能起到的例证作用非常有限，不过是当代法学思想中的一个极端立场，但是对法律思维的日常影响却远远大于法学理论。它教导我们说，法律解释要顺应社会主流道德和政治观念。也就是说，存在着一种共同文化，在规则推理穷尽后，就成为我们解释、表述法律的全部工具。

从而我们可以发现，法律分析家与其分析素材之间的关系会以两种相反的方法表明自己无可争议的地位。如果我们认为法律分析家是在进行法律民族志式的研究，仅仅是在描绘他无需屈从的共同文化，这一关系自然无需争议。或者，我们认为法律分析是法律分析者自我意识的写照，他毫无抗争地参与到自己所属的文化当中，对这种文化的表述如同一个人使用母语那样自然，这一关系当然也不会招致非议。然而，这种对社会现实的假想实际上是碎片化的，只要看到了这点，就会发现问题所在：它仍然植根于特定阶级和群体相互冲突的观念，无法保持单一的、一元的形式。而且，人们于此感受着一种矛盾心理，既要将既有社会结构视为理所当然的欲望或直觉，又渴求或幻想着对它的克服。历史主义通胀的法律形式是否认社会碎片化或规避其结果的一种方式。当法律分析努力拣选社会成员所共享的社会文化中具有权威性的部分，也就是更有价值的部分时，历史主义的通胀就开始了，因为这种法律分析总会以某种方式将自己显示得更加公正，或是更加充分地体现了自发社会的理念。

至此，我们就可以认识理性主义与历史主义在哲学上的折中运动中具有怎样的特征。当哲学家和法学家在理性主义和历史主义之间努力地寻找假想中点时，他们所要寻找的那个东西仍然保留着部分的权威性，保持着理性主义的批判距离和动力，而决不会使其主张超越自身的历史社会语境。这就是他们想要的东西，而且他们也想用它来证明进步自由主义和社会民主主义的政治纲领。但是他们想要的这些，他们能够得到吗？

折中运动在哲学和社会理论上的体现

　　我们在理性主义与历史主义的折中运动中会遇到一种哲学的或社会理论的形式，例如美国哲学家罗尔斯有关民主社会的"交叠共识"理论，以及德国哲学家哈贝马斯的"非强制沟通框架"理论。这些思想中含有历史主义因素，认为某些信仰之所以具有权威，只是因为它们是现代民主政治中蓬勃发展的观念。它们也兼有理性主义成分，认为现代民主只能存在于有助自由平等主体实现自觉联合的社会结构当中。

　　这种进路的软肋在于它无力质疑现存政治、经济和市民社会组织在表达自发社会理念时所依靠的权威。我们应该将社会结构中的哪个部分视为理所当然，又应该对哪个部分发起挑战？除非我们有能力提出并解答这个问题，否则就难以真正知晓蓬勃于社会结构之中的信仰到底该享有多高水平的权威。

折中运动在法律分析上的体现

　　我们在哲学著作里找不到理性化法律分析这个折中运动在当代文化中最重要、最生动的例证。这一主流法律分析方法中的理性主义成分宣称，我们能够对法律进行理性重构，使之成为对可理解的、可辩驳的社会生活规划的部分表达。该规划符合某些实践性的和功能性的需要，或者可以证明道德和政治观念的逐步发展。它的历史主义特质则表现在两个方面：第一，接受历史的特殊性以及不同法律传统的特殊性；第二，要求法学家在进行理性重建工作从而发现法律中所蕴含的社会生活规划时，要特别注意时代和处境。

理性化法律分析为这场折中运动增添了更加深远的意义，通过合理性的、回顾性的描述为法律授予了特殊的权威。它深化意义、授予权威的方式是将社会、经济、政治制度的法律形式描绘得无限接近自由市民社会、自由市场经济及自由代议民主理想的完美形态，也即人人平等的社会秩序。这种社会制度安排是个人和集体自决的结果。这样的传统就不仅仅是传统，这样的历史语境也就不仅仅是语境了。尽管具有特殊性，但它在实践上和观念上都有办法去规避、修正这种特殊性。

通过政治和思想为这一结果而奋斗是一回事，假定它已尽在掌握是另外一回事。我的主要目的之一就是要探明这种假定所要付出的代价，以及如何避免这个代价。

如果我们认为理性化法律分析及其支撑理论是理性主义和历史主义相折中的特定形式，就能进一步洞见理性化法律分析进路的失败。我们已经看到，对法学家而言，法律是两种活动交替推进的结果，一是组织化政党或各政治派系在民主制度的基本规则内进行的斗争，一是现实需要或规范概念本着理性重建的精神要去建立起一个体系。法律一旦得以适当重释，就好像是根据蓝图制定出来的。如果法律确实是派系斗争的产物，如果民主政治发乎真诚，而且不去充当预设的实践和道德要求的无意识、无反思的工具，我们就无法合理地期望法律在功能和观念上展示出任何具有凝聚力的规划。充其量，它只是包含了诸多规划的开端和残余。法学界的显贵们必须介入，才能讲完那些仅由他们自己进行解释和阐述的素材中所暗含的故事，他们必须夸大法律讲述这些故事的水平，以免他们的工作看起来是一场令人无法忍受的篡夺。

理性主义与历史主义的折中运动在法律形式上表现为理性化法律分析以及为其提供支持和完善的理论，如果我们仅仅考虑这一表现形式，这场运动的种种缺陷似乎只是因为要保持某种先锋姿态而产生的，从而是可控的。然而，如果将这种法律规划与其法律形式和哲学形式加以比较，从而意识到它不过是一项普遍事业的具体体现，我们就会发现实际上还存在着一个更为根本的问题。这场折中运动的当代主要形式要求我们将权利和资源再分配的进步改革当成社会制度秩序为了实现理想图景而掷出的现实筹码。在对这一秩序的批判中，它充满想象力地解除了我们的武装。然而，我们的政治纲领和精神理想都不可避免地与社会的现实制度安排相关联。

折中运动的重新定向

基于这样的批评，我们怎样才能改变这场折中运动的方向？为了满足这些反对意见，它需要使用何种不同的方法，又会产生怎样不同的结果？要回答这些问题，首先应该意识到前文所称的图绘和批判的一体化实践正是这场运动的一个特例。转向将从这个实践的中点起步，发现并利用政治派别所宣扬的政治纲领或理想观念之间的抵牾，以及制约其限制并削弱其意义的制度安排。

重新思考图绘和批判一体化实践的批评，可以从如下观念开始：批判的原始素材是一系列对幸福的承诺。批判本身就是对幸福的承诺。观念可以带来信仰，并且不会被经验所断绝。根据这些概念，这些幸福承诺就是实现、调和、纠正我们最强烈愿望的通道。它主要表现为两种形式：一项关乎存在的规划、一部典型的传记、一套指示我们如何在这个世界生活的模式；另一种形式则是将抽象的、不确定的社会理念转化为人类联合的一系列精细图景，一系列关于人们在社会实践诸领域中如何互相来往的构想。

在稳定的状态即历史发展的静止阶段中，所有人类联合的观念都需要通过制度安排加以落实，而且嵌入一个较少争议的社会存在领域。因此，现实的家庭生活植根于家和友爱的

180 特定世界，体现出个性化社群的特定理想。如果这个结构的某些部分产生了松动，如果我们开始将社会生活的理想贯彻到那些排斥它的实践领域中，或者想要在这些传统观念的各种替代实践当中做出选择，我们就会发现这些理想中隐含着很多模棱两可的地方。之后，我们就得决定如何化解这些歧义，并重新诠释理想。

你也许会问：变革的动力从哪里来，权力从哪里来？理性主义者认为这是两个不同的问题。而历史主义者更有可能认为这是同一个问题。两种观点各有所得。

在正常、稳定的状态中，群体利益、集体身份认同以及有关社会可能性的公认观念在逻辑上似乎都是透明的、必要的。然而，这不过是因为这些表象的形成背景——基本制度安排和人类联合的实施方案——很少受到有效的挑战。在这种情况下，变革的动力就来自对个人和群体利益的界定，来自集体身份，来自在既定的制度安排和信仰的松散限制下追求社会可能性的观念。

然而，假设我们扰动了这个背景。它总是可以开始改变的，即便仅仅是因为我们捍卫当前利益定义的方式中总是存在一种典型的战术模糊性。我们可以实施某种策略去捍卫利益，保持结构稳定，我们也可以实施其他策略去动摇、变更这个结构。那么，当这个背景结构遭到挑战时，人们对利益、身份认同和社会可能性既有定义的信心也会随之减弱。挑战和动荡来临之时，理想不再是奢侈的利益约束。相反，人们在思考什么是自己的真正利益时，才开始明确地、前所未有地依赖于自己所讲述的故事，描述自己可能进入别样的社会世界。这些故事提供了不同的方向，在这些方向上，人们可以同时实现自己的利益与理想。

根据一种流行观点，政治判断和政治理论的首要任务就是要——站在更加公正或者基于其他理由而更具权威的立场上——裁决我们在当代政治中所要面对的各种政治纲领和意识形态之间的冲突。本书的主要观点之一是认为问题并不在于我们拥有了太多的政治纲领，而是在于我们实际上只拥有一个政治纲领：现代世界中唯一权威的政治纲领，一个从18世纪延续到当今民主实验主义的政治纲领，一个自由主权威的政治纲领，一个从18世纪延续到当今民主实验主义的政治纲领，一个自由主义者与社会主义者共享的政治纲领。它的核 181 心政治承诺在于拔除社会分化和阶级分化的栅栏，从而促成面向实践的、富有激情的、认知性的人类交往。

追求这项政治规划，有两个最为重要的理由：首先，社会的现实生产力必须得到加强，要持续对资源进行实践试验和技术革新；其次，集体生活将我们束缚在一种依赖性的和去人格化的机制上，并因此削弱了人们在这个世界中塑造、维持自己个性的自我决断能力，这种状况必须得到改善。这项现代政治规划中最冒险的举动在于要去设计和建立一些制度，使得我们可以去探索实现道德价值和实践价值所需要的共同前提，也就是在发展社会现实生产力的同时去创造条件，使个人摆脱依赖性的和去人格化的体制束缚而获得自由。由于继受了划分左右两派、划分自由主义和社会主义的某种政治观念，我们对现代政治规划的看法仍然充斥着浓重的迷信色彩，妨碍我们去探讨政治经济多元主义可能采取的制度形式。而批判的任务就在于颠覆虚假、肤浅的界分（例如划分政府和反政府的政治承诺），唯此才能揭示出意识形态领域内新的、更重要的冲突。

本书已为批判实践提供了两个主要例证，阐明了当代法律在工业民主社会中具有的优点和局限。第一个例子讨论了制度保守主义束缚了当代法律和法律学说的鲜活思想，以保证权利的有效享用，尤其是那些维护个人自由和大众自我治理的权利。第二个例子探索了民主的别样未来，每一幅替代性图景都使我们的利益和理想超越了当下的制度视界。

通过对比当前折中运动的哲学尝试，批判实践的精神愈见清晰，蕴含着对现存的、既定的社会制度框架的批判立场。它还需要一种关键的方法，对来自欲望和直觉的原始素材进行批判。一方面，既有制度结构在行将瓦解、即遭替代之时，有利于这些需求和直觉的塑造。另一方面，它们也遭遇了典型的矛盾情绪，一边是维护制度秩序并视其为当然存在的欲望或前见，一边是试图逃避这种秩序的渴望和幻想。最后，与理

182

性主义和历史主义的折中运动相比，这种制度想象的实践指出，即便在出发点上无可争议，例如以当代法律的既定承诺或是强势政党的笃定信念为出发点，我们也有可能要去承受一个相对更富争议、更加令人不安的结论。

回顾法律、政治、生产以及历史的理性化习惯，试图通过沉思来获得合理判断的虚假幻象（这种判断引导我们在拒绝挑战的制度结构中分配资源和权利），放弃沉思的努力转而向旧日的进步主义敞开怀抱，所有这些都不会帮助我们走上正轨。我们需要一种学科，能够帮助我们在想象和实践上变革制度，并且实现和重塑我们的利益和理想。我们希望在历史中一直生存下去，这一希望要激发这门学科在实践上和精神上给出宏大的替代性方案。否则，这门学科就将失去生命力。

法律思想的预言与崇拜

膜拜国家法与探寻潜在道德秩序

本书研究、批判、扭转的法律分析为两种观念的古老联合给出了最新表达。观念之一先于国家出现，是潜藏在社会生活方式当中的道德秩序观。它在人类彼此间的期望和吁求中得以表达，通过持续不断的对话、对权力和贫困的洞察和缓解得以升华、再造，并因人类联合的权威图景得以维护。这一图景展示了人类交往在社会经验诸领域中的实然与应然样貌。观念之二是一种中央集权论，一种对国家的顶礼膜拜，一种对国家理由和国家命令的顶礼膜拜。

潜在道德秩序观由来已久，中央集权论则相对晚出，二者的联合引发了一种追求。自国家出现、法学家开始为政府规制寻找意义以来，这种追求就成为法律思想的统一主题：人们认为理性的、可辩驳的人类生活规划尽管是不完整的、不完善的，必须为残酷的、令人惊讶的权力行使提供根据。民主制度与这个联合有着双重联系：民主即使让权力不那么面目可憎了，也将给潜在的、未被选择的秩序制造出更多难题。政策和原则的法律分析方法在民主社会中蓬勃发展，先是得到了美国的青睐，进而传播到世界各地。但它也不过是这种话语在历史时序中的一环。后继而来的每种话语形式都会去歌颂国家权力与潜在道德秩序的联合，并且掌控着这一联合对民主的微妙意义。

法学思想的历史如今充斥着对这一联合的辩护、让步和妥协，在我们欣然忘却初心的政治事业中支撑着我们的信念。我们很容易就会忽略掉持续支持着古老的道德秩序理想的力量，看不到国家制定法的法学家已经顶替了习惯法拥趸的位置。当社会生活常规不再有力地表达理想时，法学家和先知们在主要宗教传统的神圣律法中为其找到了新的根基。

内在秩序观念魅力不减，甚至日渐显著。如果有位年轻人在 20 世纪后半期西方世界之外的边缘地区接受了法学训练，他仍然可以感受到这几乎毫未减色的魅力，早已石化的 19 世纪法律科学构想形式在那些遥远的地域一再演绎。他可以通过阅读萨维尼对财产的论述，借助传统罗马法学者的非历史性方法来研习罗马法，就好似德意志官僚与罗马法学家同是某种道德秩序的当代发现者。他将会由于参与了一种意识的形成而倍感振奋，这种意识看似古旧陈腐却又不可或缺，它早于社会科学产生，创生了社会科学，而且时至今日仍然履行着社会科学无力完成的使命。他会认同那些法学家的古代祭司身份，认为他们的工作就是要克服一切困难，逃离历史的偶然、荒谬和残暴。我们可以嘲笑他，但是却无法通过同情他来禁绝我们自身的焦虑。

探索潜在的道德秩序与膜拜国家及其法律相结合，瓦解了人们对自然的、前政治的社会生活体系的信仰，这是它的进步性。国家作为改革的重要杠杆，联结了社会变迁和社会意愿。然而，要对国家提起改革的要求，成本高昂且稳定增长，我们只认识到了其中因虔信权力而付出的部分代价。

我们可以期望去除国家法中的强制和暴力，使之服膺民主问责的纪律，并且不在短期政治议程中考虑那些旨在界定、保护个体和集体自决的权利。然而，国家法中仍然残留着强制和暴力的骇人遗迹。探索内在道德秩序在遮蔽它们的同时也推动了它们的发展。但是，本书更愿意强调另一方面，即关注我们在国家法中探索内在道德秩序的代价：社会基本制度由法律确定之后，就对有效的批评、挑战以及修正具有了免疫能力。一旦拥抱了例如理性化法律分析那样的思想、话语和实践形式，我们也就挫伤了自己的利益，背叛了自己的理想，轻贱了自己的希望。

民主实验主义反对潜在道德秩序

要想避免这一代价，仅仅通过瓦解膜拜国家及其法律与探索潜在道德秩序之间的联合，去冷却人们对中央集权论的热情，是不够的。我们必须走得更远，肃清头脑里残存的潜在秩序观念，以一种强大的建构力量取而代之，而这正是作为制度想象的法律分析应予提供的。

建构力量之一就是我们用以提高自身力量的实践的实验主义：洞察自身处境，从苦役、虚弱和危机中解放出来。实践进步取决于能否理顺合作和创新的关系。要想在实践生活的任何领域中取得进步，都必须达成合作、着力创新。创新需要合作，同时也妨碍合作。因为创新破坏了稳固的忠诚、长远的互惠以及可靠的期望，而人类联合的真正命脉却深植于此，保守主义也从中推演出内在道德秩序。因此，在设计推动实践进步的制度安排时，最重要的任务在于始终去为合作想象并建构出巨细无遗的制度，使之至少能够去平衡永无休止的创新。

建构力量之二是对个体自由、自我主张的需求。它远远超过了在国家压制中获得安全的需求。它要寻找一种相对较好、未必完美、并不具有终极权威性的解决方案，去面对两个问题。我们需要他者，也要免受他者的危险。我们必须全心全意地参与特定的社会和文化，参与经验和意识的特定形式，但不能放弃对社会别样未来保持期望和探究的权力，屈从于人性的某一特定类型或某几种类型的组合。此外，我们必须认定这样一条真理：无论作为个体的个人还是作为整体的社会，我们所拥有的东西远远多于我们创造并寓居的这个制度和话语的世界；制度世界是有限的，我们是无限的。我们将自己从社会分化和社会等级的凝滞结构中解放出来，也就不再过度依赖群体生活，逐渐形成了自己的人格，并且开始疗治自我主张的内在冲突给我们造成的创伤。

可以依据常规接纳人类行为的制度性或想象性框架，也偶尔对框架进行调整，当我们弥合二者间的距离时，就是在全心全意地拓展着制度未来。通过改变尊重结构的常规与否定结构的变革或超越之间的关系，我们全心全意地参与就会少些盲从和幻觉。出于这些原因，民主事关自由，后者在最大意义上被阐释为存在过度（surfeit of being）。这就为人类悲哀的那些重要而隐秘的根源提供了部分解答：我们欲望的强烈程度，无法匹配欲望通常必须依附的对象。我们是自己这些欲望的唯一适格对象，但并不是我们现在的这个模样，而是我们要使自己变成的那个模样，我们的源初精神要求我们赋予自己一个更加完美的自我，因为我们将不再是阶级和文化命运所决定的不幸存在。通过实践的实验主义，将自由得以发展的条件和实践得以进步的要求联结起来，才是民主的真正承诺。

这些物质力量和精神力量要想更迅速更有力地实现联合，

关键是必须主动修补我们的实践和制度，修补我们对自己理想和利益的理解，修补自我和他者之间的关系。在法律分析和政治经济学这对制度想象的孪生学科当中，我们必须去创造一种关于修补的对话，通过修补者之间对话和思考的砥砺，在逐渐成为现实主义者的同时，我们也成为先知。

一个寓言：犹太人和他们的法律

没有哪个宗教能像犹人教那样将律法置于信仰体系的中心位置。这里要说一个小故事，涉及犹太教及其可能的未来。故事与传统教义相距甚远，因而也就不必多费口舌辩驳其内容和寓意。此外，在宗教批判问题上，它触犯到了一个宗教禁忌，一个让笃信者难以忍受的禁忌。但是这则寓言或许对民主社会的法律信仰有所裨益。

与基督教和伊斯兰教一样，犹太教也是一个历史宗教。它不止将历史看作永恒精神实体的附带背景，而是决断行为的发生场景，上帝意旨和人类行为在此相遇。犹太教使世界的真实性和人的自我性始终相随，拒绝将之视为遮蔽真实的幻象而加以破除。它以人类彼此之间的关系述说着上帝与人的关系。上帝在历史中的启示，正像是一个人对另外一个人神秘又总是部分地展现。宗教故事包含着真理，深化了我们在讲述自身故事时所包含的真理。人比非人更有价值。

犹太教信仰以一神论为核心，与偶像崇拜和偶像破坏交相较量，由此展现于人类历史。上帝拣选犹太人作为子民，个中原因无人知会，但是这次拣选的奇妙之处更多地蕴含在故事情节而非教谕当中。上帝通过亚伯拉罕实现了与人类的第一次订约（《创世纪》：15-17），但此时并未提及对律法的信守。（《创世记》：7 记录了更早的订约：上帝划出一道彩虹作为立约的标志。这是通过诺亚订约而与整个人类订约，并非限于犹太人。）他只是告诉亚伯拉罕要走在他前面，走向完满。他要求犹太人给犹太男童和从外邦买来的男童行割礼，以此作为订约的象征，在传授给犹太人律法之前就在他们的身体上做了记号。上帝考验亚伯拉罕，命他拿以撒献祭，实际是在检验亚伯拉罕的信仰——也就是他对上帝的信任——因而也就是在检验他的信心，但上帝仍然没有宣布律法；只是在亚伯拉罕正要拿以撒献祭时阻止了他。上帝的命令实在令人困惑，以至于亚伯拉罕从未向他要献祭出去的儿子吐露半字，正如克尔恺郭尔所说，宁愿让以撒恨父亲也不让他恨上帝。直至上帝在西奈山颁定律法，才开始全心贯注于律法。然而宗教的源初精神并不在于一次没有产生律法的相遇，而是在于为了反抗偶像崇拜和偶像破坏而对约誓不断加以试探，在于为了约誓而与偶像崇拜和偶像破坏进行反复斗争。

随着第二圣殿的坍塌，犹太人放弃了犹太教的献祭仪式，转而为哈拉卡（halakhah，糅合了圣经律法以及拉比的释经和决疑）拓宽希伯来语的语言艺术基础。时至今日，这仍然是犹太教的支柱。

围绕律法的研习和践行，形成了拉比犹太教，它的发展标志着宗教历史的重大进步。它从僧侣阶层和先知族系的手中夺取了宗教权威，将之交付给诸多松散的布道团体及其领袖。通过遵守许诺去对平庸细碎的社会生活加以重塑，它给男女信众提供了一种实践和话语，尊重日用经验和无名大众，以此联结并维持了神圣与世俗之间的关系。它开始教导作为个体和作为共同体成员的人，如何在自我形塑和自我遗忘之间保持和谐。然而，如同任何形式的精神解放和社会解放，它本身也包含着危险。

这个危险存在于哈拉卡和上帝的约誓，以及和那永无休止的斗争之间暧昧不清的关系。膜拜律法可以显现，也可以遮蔽约誓；可以刺激，也可以冷却与偶像崇拜和偶像破坏进行的斗争。为了遮蔽约誓、冷却斗争，它给难以自制的个人经验设置了一套既苛刻又从容的生活规则体系；反对将人对人的欲望类比为人与神之间的欲望。除非彼此接受，并且接受他人拒绝接受我们的弱点，这对孪生的欲望才能对加诸其上的规则体系做出有力的回应。律法和仪式可以帮助我们搭建一个平台，使我们能够实现这样的抱负，不会因恐惧和不公而分心，能够获得更加清晰的意图和表达意图的方式。但是，人们也可能因而相信恪守律法就可以在精神和社会中得享双重的安顿。

他们会以遵守律法回应他人和上帝，将上帝和人同样看作隐蔽在常规生活的屏风之后的存在。于是，对律法的尊崇仪式本身就蜕变为一种偶像崇拜，阻挠了雅各布更为直接的面向上帝的热忱祈祷。甚至对或特别对正统派而言，与偶像崇拜和偶像破坏的斗争也许不用多久就会成为信仰试炼的明日黄花。

欧洲犹太人从大流散时代到二战遭遇了无数次种族灭绝，在长期的灾难与重建中，一直都有理由笃信哈拉卡。神圣律法保留着一条记忆和认同的锁链，使犹太人彼此之间担负着律法义务，使他们对自己的历史负责，也由此通过约誓为上帝负责。拉比们的正统信仰中保存着大量评注和对话的实践，在社会生活诸领域中设立规则，发展出概念化的类推（同时避免了概念的过度抽象），为那些看似偶然的事件寻找到确定的原理。宗教正统之外，在欧洲启蒙思潮以来形成的大气候中，犹太教改革派和批评家对律法的解释不再拘泥于教义，力求在律法和仪轨的蚌壳中发现理性和伦理的珍珠。如同法利赛人站在撒都该人面前，人文主义的宗教解构者也站在了现代正统的装置面前。由此，犹太人开始了两项不同的事业：一项在犹太信仰之内，要求人们遵守由拉比精致阐释的神圣律法；一项在信仰之外，致力于将哈拉卡语汇转译为道德语言，与现代人的眷注构造起联系。这两项事业以各自的方式与宗教的源初精神保持着一定距离。犹太教改革派和锡安主义者（犹太复国主义者）起初承诺与这一源初精神保持紧密联系，甚至不惜将律法彻底世俗化。然而，二者终于又回归更为简捷的道路，对律法的解释不再拘泥于教义，从而有助于与世俗人文主义最终会合。

不过，犹太历史上的灾难时代如今有望终结。上帝也许会因此削弱哈拉卡在信仰中的核心地位。正如拿撒勒人耶稣和其他"边缘犹太人"所说，这并不是要去毁坏律法而是要成全它，当然这里指的是西奈山十诫和先知书律法，而非来自米德拉西和拉比的律法。成全律法就是要将上帝之爱和人之爱作为信仰的核心；就是要向所有先知智慧敞开自己，观照到人的卓越位格乃是依据上帝形象的创造，超越环境的限制，在人与人之间达成和解。我们不知道哪一位是现时代的先知，不知道他讲的是何种语言。正如以往一样，我们对此一无所知。当代犹太哲学家也说过同样的话，但即便是他们也不愿自己的理论因为膜拜律法而造成令人不安的影响。或许有人怀疑，追寻这些谕义就是创造全新的宗教。对此问题的回答是：如果真有新的宗教诞生，它也只能诞生于圣约光照下偶像崇拜和偶像破坏的永恒辩证法。在一种历史宗教之中，预言和记忆若是全心全意地接纳了当下的现实，信仰若是让位于意见，那就意味着历史的终结。

De nobis fabulanarrator.（他们的故事就是我们的故事。）和故事中的犹太人相比，我们的处境并无不同。对国家的膜拜联合起对潜在道德秩序的信仰，使我们将法律理解成为一道

屏障，抵制实践的实验主义和个人自由的破坏性、变革性和修正性力量，而不是将之理解为在社会的制度化生活中完善它们的有益机制。我们可以拆掉这重屏障，将之转变成其他东西。我们的时代困局永无终结。我们有很多借口，用来支持制度上的偶像崇拜，以及这种崇拜在法律思想和政治经济学中的代表，但是长期的、局部的和平却正在慢慢摧毁这些借口。尽管这些建构力量在其赖以发展的制度路径和思想进路上存在争论和分歧，但正如前文所讨论的民主政治的别样未来一样，这些争论和分歧都有其独特理由。它们的独特性，及其经由无数环节转变、与我们当下境况的紧密关联，使我们将之想象为法律，并当作政治来对待。

现实主义者和先知

法律人已将法律描绘成由权利行为和权利梦想编码而成的理性，正如经济学家们认为当前的市场经济及其法律几乎就是理性和互惠行为的完美化身。他们歌颂锁链，从而歌颂了自己的晚餐。然而，希望与真知将会在道德义愤和历史崇拜的失败处取得成功，激励法学家和经济学家去为制度想象打开慧眼，插上翅膀。

我们的利益和理想仍然被钉死在既有制度安排的十字架上。在学会更加自由地重新制定、想象我们的制度安排之前，我们无法更加充分地实现自己的利益和理想，也无法对之进行更加深刻的重新界定。历史不会给我们这种自由。我们必须现在就从法律细节、经济限制以及僵化的前见中主动夺取。我们要想取得胜利，就不能再去接受那些削弱未来可能性的社会科学，不再接受那些给权力膏油的法学理论。要知道，我们必须成为现实主义者，才能成为先知；只有成为先知，我们才能成为现实主义者。

书中部分观点曾宣讲于耶鲁大学法学院 Storrs 讲座、哥伦比亚大学法学院 Rubin 讲座，及伦敦政治经济学院 Chorley 讲座。

索 引

(页码为本书边码)